O PODER DO PODER DA COMUNICAÇÃO

DULCE A. ADORNO-SILVA

O PODER DO PODER DA COMUNICAÇÃO

DIREÇÃO EDITORIAL:	Marlos Aurélio
CONSELHO EDITORIAL:	Avelino Grassi Fábio E.R. Silva Márcio Fabri dos Anjos Mauro Vilela
COPIDESQUE:	Ana Aline Guedes da Fonseca de Brito Batista
REVISÃO:	Thiago Figueiredo Tacconi
DIAGRAMAÇÃO:	Tatiana Alleoni Crivellari
CAPA:	Leonardo Forgerini

© Ideias & Letras, 2015
1ª impressão

Rua Tanabi, 56 – Água Branca
Cep: 05002-010 – São Paulo/SP
(11) 3675-1319 (11) 3862-4831
Televendas: 0800 777 6004
vendas@ideiaseletras.com.br
www.ideiaseletras.com.br

Dados Internacionais de Catalogação na Publicação (CIP)
(Câmara Brasileira do Livro, SP, Brasil)

O poder do poder da comunicação / Dulce A. Adorno-Silva.
São Paulo: Ideias & Letras, 2015.

ISBN 978-85-65893-98-5

1. Comunicação 2. Comunicação de massa
3. Comunicação na política 4. Poder (Ciências Sociais)
5. Política 6. Política de comunicação
I. Título.

154-08244   CDD-302.23

Índice para catálogo sistemático:
1. Meios de comunicação e política: Sociologia   302.23

SUMÁRIO

Introdução   7

1. ESTADO E PROPAGANDA POLÍTICA   11

2. GUERRA: VERDADE, OPINIÃO E PROPAGANDA   25

3. TRÊS FACES DA VIOLÊNCIA   39

4. A VOZ DO PODER   57

5. O ESPELHO FRAGMENTADO   75

6. SIGNO E PODER   91

7. OS EFEITOS DO PODER   111

8. LINGUAGENS DO PODER: 127
o empreendimento como mediação sígnica do
poder totalitário com a massa

9. A PROPAGANDA POLÍTICA NA SOCIEDADE DIGITAL: 139
o uso dos blogues como veio da propaganda totalitária
e como guerrilha virtual

10. A ALTERIDADE COMO VALOR NA COMUNICAÇÃO   155

11. O PERCURSO DO HOMEM ATÉ A GLOBALIZAÇÃO: 169
o fabrico, a linguagem e o consumo

Considerações finais   187

Referências   191

INTRODUÇÃO

Quando se comenta alguma coisa sobre a comunicação, ela é entendida, por muitos estudiosos, como entretenimento e, por isso, eles não a consideram como um dos fundamentos da sociedade. Ao utilizar o termo "sociedade", não a limito à condição humana, pois os animais também sobrevivem a partir dela e, para que ela se faça, a condição *sine qua non* é a comunicação. A diferença entre os dois tipos se assenta no fato de que eles agem mais por instinto e a humana distancia-se cada vez mais de sua condição natural. Com base nesse fundamento iniciaram-se os estudos que culminaram nos ensaios reunidos neste livro.

A obra tem como diretriz o uso da comunicação pelo poder político, em diferentes épocas, cujo solo o poder deixa marcas profundas que acabam por ferir os valores humanos, no qual deveriam sempre direcionar de modo positivo o percurso da civilização.

Assim, embora o homem, comumente, seja diferenciado dos outros animais pela sua capacidade de pensar, por isso designado *Homo sapiens*, essa não é sua única característica. Mas, mesmo sendo também *Homo signans*, a essa característica humana acrescenta-se aquelas citadas por Edgar Morin: *Homo demens, Homo consumans, Homo afetivus, Homo ludens* etc., que faz com que o ser humano seja o animal mais complexo do planeta.

Graças à comunicação, o homem foi capaz de organizar-se em sociedade, não como a dos animais, mas de forma diferente, visto que lança mão de normas, leis e artifícios, a fim de que o grupo permaneça. O motivo da civilização não é apenas a garantia dos direitos de cada um e de todos os cidadãos, por meio de leis, normas, no sentido da equivalência para todos, mas também porque o homem é dotado de vontade de potência, que sempre o impulsionou à busca do poder, ou seja, à organização da sociedade marcada pelos que mandam e pelos que obedecem, isto é, pela política. Essa palavra tem origem na organização da cidade: *polis*, na Grécia Antiga, mas nunca foi como deveria ser entendida: "A arte, a ciência e a virtude do bem comum." (ARISTÓTELES), conceito que também foi divulgado no século passado.

Nesse sentido, o livro busca entender, de modo crítico, a relação do poder com a comunicação, que é uma das bases da sociedade, ou seja, sempre em busca da utopia pretendida: a aceitação do conflito e sua solução, por meio do diálogo. Inicia-se com "Estado e propaganda política" a concepção e os tipos de Estado e como é utilizada a comunicação, em cada um, para o exercício do poder. O segundo ensaio "Guerra: verdade, opinião e propaganda" aborda a importância do caráter numérico da opinião para a sustentação do poder, explicitando que, para isso, principalmente no Estado de Exceção, a comunicação com a massa se faz por meio de mentiras, porque, segundo Hannah Arendt, "a verdade é a primeira vítima da guerra".

Em seguida, em "Três faces da violência", faz-se a reflexão sobre a presença marcante da violência no mundo atual, a qual é disseminada dentro dos lares, por meio da comunicação televisiva, e que faz com que ela faça parte da vida de cada indivíduo que se dissemine na massa e que seja referendada pelo Estado. Após analisar esse contexto de violência do mundo atual, retoma-se em "A voz no poder" a relação entre poder e comunicação que se processa independentemente do tipo de tecnologia de comunicação vigente no decorrer da história. Assim, analisa-se a importância da rádio como meio de sustentação do Estado Totalitário na Ditadura Vargas, por meio de mensagens que chegassem até a massa, para que se fizesse um rebanho reiterativo, a fim de concordar com as ações do poder instituído.

Contudo, a importância da comunicação para a sustentação do poder não acontece apenas durante o Estado Totalitário. Dentro da democracia, o poder também exacerba a busca pelo consentimento da massa para as ações que ele institui e que se expressam por meio de empreendimentos materiais, no qual se criam linguagens para atrair a atenção do mundo. Portanto, em "O espelho fragmentado", a fim de entender o ataque de 11 de setembro aos símbolos americanos dos três poderes, faz-se uma análise desse episódio baseada em psicólogos que abordam o narcisismo, tendo em vista que tanto os símbolos do poder, como os ataques a eles dirigidos e a repercussão midiática, questionam a ambiguidade do uso político do avanço das tecnologias. A observação e o estudo desses acontecimentos nos conduzem à reflexão, em "O signo e o poder", sobre a comunicação, que se inicia com a fala para o exercício de poder, mas que possui um percurso que passa da técnica da escrita para as tecnologias de visão: fotografia, cinema, televisão etc., que são usadas de forma incisiva para que o Poder consiga, por meio da manipulação, o apoio da massa.

Em "Os efeitos do poder", debruça-se sobre as linguagens do poder e o modo como atingem os indivíduos da massa, porque elas os consideram seu principal objetivo. Mussolini se pronunciou favorável a rádio, pelo fato de a comunicação do poder atingir os lares mais distantes. Por isso, chama a atenção, tendo como ponto de partida Michel Foucault, o modo como os indivíduos se tornam efeitos do poder, pelos meios de comunicação de massa, que veiculam a propaganda política. Em continuidade, com o ensaio "As linguagens do poder", acrescenta-se que as linguagens do poder não são apenas os meios de comunicação, mas tudo o que ele faz, principalmente os empreendimentos que se constituem formas de comunicação com a massa, ou seja, as grandes construções criam linguagens que comunicam o significado da grandiosidade do poder instituído.

A reflexão sobre as formas como o poder se comunica, também se amplia, sem dúvida alguma, conforme o avanço das tecnologias, por isso, atualmente, na sociedade digital, os blogues, como as redes digitais, modificam a comunicação política adquirindo importância para o candidato eleger-se, para conseguir o apoio da massa bem como a divulgação das propostas de governo. Essa é a análise em "A propaganda política na sociedade digital", atualiza-se o uso dos meios de comunicação com a finalidade de atingir e exercer poder.

Porém, diante dessa relação do poder com a massa que se expande fortemente pela manipulação midiática, o homem não deve perder seu principal valor: a alteridade – a presença do outro e o respeito por ele, direcionando a possibilidade de se resolverem os conflitos que fazem parte da vida humana. A retomada desse valor se desenvolve em "A alteridade como valor na comunicação", observando que ele pode ser divulgado pelas tecnologias de comunicação tendo como propósito a redução das diferentes formas de violência. Por fim, retoma-se três características: "o fabrico, a linguagem e o consumo" da evolução humana, que são marcantes no homem atual para concluir a necessidade de entendê-lo em sua complexidade (Morin), no sentido da preservação da consciência e da própria história.

Logo, o delineamento do livro se fez em vista do estudo da relação do poder com a comunicação, tendo em vista a possibilidade do uso dela em função da disseminação de valores, o que pode, muitas vezes, transformar-se em utopia diante da realidade política que se sustenta pela comunicação manipulada em função de seus próprios interesses e em detrimento do bem comum. Portanto, a utopia (o bem comum) é o que se pretende, a partir da crítica desenvolvida no livro.

1

ESTADO E PROPAGANDA POLÍTICA

Parte do conceito de Estado, cujas características se modificam conforme o tipo de governo que o assume. Observa como cada um deles consegue legitimidade a partir do uso da comunicação, que se compara nos três tipos de estado: o Democrático, o Totalitário e o de Exceção, para observar que os meios de comunicação veiculam a propaganda política sendo utilizados, portanto, em função da sustentação do poder. Para comprovar sua posição, usa-se o método dialético. Apoia-se em fatos históricos que provam que a comunicação alicerça o Estado no exercício do poder, por meio da propaganda, que tem como consequência o controle e a disciplina das massas.

O conceito de Estado

Diariamente ouvem-se comentários sobre o Estado, cuja importância é inegável, porque sentimos que vivemos sob ele, com ele e por ele, ou mesmo, dentro dele a partir de relações que se mantêm, por exemplo: o pagamento de impostos, o uso de serviços públicos, o usufruto de garantias do direito etc. Embora nem sempre se tenha clareza sobre a definição do que seja Estado, tem-se a consciência de que ele se constitui e se manifesta por meio de atividades participativas que dizem respeito à vida de todos os cidadãos, mas seu fundamento é uma ideia: "Não tendo outra realidade além da conceptual, ele só existe porque é pensado" (BURDEAU, 2005, p. 10).

A ideia concebe o Estado em função do exercício de poder, que se realiza por meio de relações entre os que ocupam a posição de mando e os que aceitam obedecer, ou seja, os que governam e os que são governados. Nesse sentido, essas relações se evidenciam no dia a dia dos cidadãos, cuja vida depende de relações estabelecidas por regras, normas, leis, que eles aceitam e cumprem. Assim, pode-se concluir que o Estado existe por meio de ações regulamentadas pelos que governam, com as quais a maioria concorda e pratica, confirmando, portanto, a autoridade que as criou.

Antes de continuar a reflexão sobre o que é o Estado, pode-se perguntar qual é sua finalidade. Para responder essa indagação, remete-se à ideia de civilização. Se não existissem as normas, as regras e as leis, os seres humanos viveriam instintivamente como os animais, não teriam criado a civilização e não a teriam mantido até os dias de hoje. Freud (1974, p. 109), ao conceituá-la, reafirma que ela nos diferencia dos outros animais:

> [...] a palavra "civilização" descreve a soma integral das realizações e regulamentos que distinguem nossas vidas das de nossos antepassados animais, e que servem a dois intuitos, a saber: o de proteger os homens contra a natureza e o de ajustar os seus relacionamentos mútuos.

O Estado é o responsável pelo ajuste dos relacionamentos entre os homens por meio dos regulamentos e pela manutenção da civilização. Para que aconteça o ajuste dos relacionamentos, o poder político é imprescindível, visto que relações de mando e de obediência não são suficientes, mas ultrapassam as relações interindividuais, porque se supõe a existência de uma sociedade política, "cujos membros possuem uma consciência comum que lhes sela a participação no grupo" (BURDEAU, 2005, p. 4).

O ajuste dos relacionamentos depende do poder político, que se origina da ideia que o grupo tem de uma ordem social desejável. Logo, o poder precisa estar a serviço de uma ideia, que representa a ordem desejável cuja efetivação é o "aparelho do poder público organizado de tal modo que a ideia lhe condicione a estrutura, o pessoal e os meios" (BURDEAU, 2005, p. 11).

O poder deve atender a um projeto cuja institucionalização se denomina Estado. Assim, a origem do Estado procede da institucionalização do poder, cujo processo depende de uma série de circunstâncias: o território como patrimônio coletivo e a intervenção do Estado para que os indivíduos aprimorem suas relações com as terras onde vivem; a nação, ideia necessária aos indivíduos que ocupam o território, que se une pelas tradições, pela história (lembrança das lutas em comum), a fim de terem coesão social; a segurança ou estabilidade social,[1] a legitimidade que é o poder fundamentado no direito e que representa o consentimento, ou seja, o reconhecimento, pela maioria, da autoridade instituída; a busca de duração, ou seja, a continuidade do poder; a soberania entendida como poder de decisão e de coordenação que encontra sua justificativa na regra de vida da comunidade.

De todas as circunstâncias enumeradas, que sustentam o Estado, essa análise pretende centrar-se na legitimidade, precisamente no modo como tem sido buscada, principalmente por meio da mídia, a fim de que o Poder alcance coesão social, permanência, segurança dentro do território em que se exerce e fora dele. A partir dos tipos de projeto em que se baseia o Estado: Democrático, Totalitário ou de Exceção, pretende-se fazer uma reflexão sobre o modo como se busca a legitimidade.

---

1 "O Poder deve ser um provedor de tranquilidade; sua virtude se revela por campos florescentes, negócios prósperos e consciências tranquilas" (BURDEAU, 2005, p. 23).

O Estado e a comunicação

Se o Estado é uma ideia, que se viabiliza por características acima citadas: território, segurança, nação, legitimidade, soberania e duração, para que ele possa se delimitar em território, garantir a segurança dos que lá habitam, ser entendido como nação por sua história e tradições comuns à população, ter permanência e ser soberano, é importante que a ideia que fundamenta o projeto de Estado seja divulgada e reconhecida por todos os cidadãos que o constituem. "O Estado é, para nós, a forma pela qual o grupo se unifica submetendo-se ao direito" (BURDEAU, 2005, p. 39). Assim, para que ele perdure, o cidadão precisa compreender a finalidade da ordem estatal, para a qual é fundamental a consciência de uma disciplina que corresponda à opção consciente pela civilização, no sentido como Freud a definiu.

O Estado é um modo de exercício de poder, pois para viver em sociedade faz-se necessário um conjunto de regras, que orientem o futuro e se imponham aos indivíduos que com elas concordem. Para que o Estado exista, deve haver consenso em relação ao direito, fato que legitima o poder estatal – "O Estado não se limita; nasce limitado" (BURDEAU, 2005, p. 44).

Se ele depende de consenso, os governantes têm o dever de esclarecer a opinião pública, fazê-la compreender a necessidade de certas medidas, modificá-las quando necessário etc. É primordial ao Estado uma relação contínua entre governantes e governados, visto que o poder[2] consegue dissociá-los. A fim de se conseguir o consenso, ou seja, a expressão da opinião pública em função da legitimidade do poder, há necessidade de o Estado colocar-se em processo contínuo de comunicação com os governados. É o meio pelo qual ele garante sua duração, porque resulta de um

---

2 LEBRUN, Gerard. *O que é poder*, (1999). Existe poder quando a potência, determinada por uma certa força, se explica de uma maneira muito precisa. Não sob o modo da ameaça, da chantagem etc., mas sob o modo da ordem dirigida a alguém que, presume-se que deve cumpri-la. Weber chama de *Herrsachft* e Raymond Aron traduz por *dominação* (*Herr = dominus* = senhor).

"conjunto de atitudes coletivas *espontâneas* ou de representações compartilhadas por um grupo social" (CHAMPAGNE, 1996, p. 45).

Essa visão pressupõe um Estado Democrático em que o fluxo de comunicação seja contínuo, descentralizado e com duas mãos de direção. Mas nem sempre a busca da legitimidade corresponde a um processo democrático.

Comunicação e democracia

Todos os projetos de Estado (o democrático, o totalitário e o de exceção), ou seja, todos os projetos de instituição de poder dependem da comunicação para conseguirem legitimidade. A diferença entre eles está no fato de que no Estado Democrático, que se apoia no referendo do povo, a comunicação se realiza como um fluxo de duas mãos de direção. O núcleo do regime democrático é a participação do povo: ele é consultado por meio do sufrágio que expressa a representatividade das correntes da opinião organizada; os debates são estimulados para que o consenso se produza a partir da opinião pública, não da resposta massiva. Portanto, o poder coloca-se a serviço da maioria e não, de seu próprio interesse, uma vez que o que deve durar é o Estado: a principal instituição em defesa da civilização – e não os representantes do poder.

Contudo, o sufrágio universal não é a única instância de realização democrática:

> O direito ao voto, apesar de ser uma das mais importantes conquistas operárias do século XIX, pode tornar-se um simples ritual, deixando intacta a estrutura política e social se ele não vier acompanhado de outras formas de intervenção política. (ROSENFIELD, 2003, p. 21)

Como ainda afirma Rosenfield (2003), a democracia pode se transformar em um simples ritual político, tornando-se um Estado que determina o social, porque atende às massas tão afeitas aos rituais e não ao cidadão participante da *polis*.

Para que a democracia se realize, de fato, em uma sociedade em que as relações humanas são mediadas pelos objetos, dentre os quais se situam os meios de comunicação de massa, é fundamental que sejam criadas "novas possibilidades de ação política pela construção de um espaço comum a partir do qual cada um pode determinar-se" (ROSENFIELD, 2003, p. 32), ou seja, a participação no espaço público como na Grécia Antiga continua sendo o núcleo do Estado Democrático. No entanto, como a sociedade tornou-se complexa, o espaço público tende a se redefinir em sindicatos, associações etc., que garantam o direito ao debate em busca do consenso. Assim, concorda-se com Rosenfield quando analisa a democracia: "seu ser é processual", porque possui várias formas de liberdade, espaço pluridimensional, pluralidade de discursos, soberania da maioria e das leis, objetividade e permanência das instituições, aceitação do conflito e da discussão (ROSENFIELD, 2003) e, pode-se acrescentar, fluxo de comunicação de mão dupla (ida e volta).[3] Cabe ao Estado Democrático garantir o espaço do enfrentamento das diferentes opiniões, e não apenas usar os *media* como exposição das opiniões dos representantes eleitos, excluindo, da participação política divulgada, todo o restante da população.

Um dos melhores exemplos de comunicação democrática foi dado por F.D. Roosevelt, eleito em 1933, que, depois da quebra da Bolsa de Valores de Nova Iorque, assume o governo dos Estados Unidos encontrando um país em crise.[4] Para a recuperação da economia, propõe o *New Deal*, proposta de governo voltada para a racionalização do Estado e para a modernização da economia e lança mão da gestão da opinião pública para conseguir a credibilidade da população e para que fosse construída a legitimidade do governo. Para isso, contratou cerca de um milhão e meio de

---

3 É interessante notar que o autor citado situa a imperfeição como princípio democrático (p. 43 em diante), por isso é preciso que seja estabelecido por meio de regras o espaço do enfrentamento das diferentes opiniões.

4 MATTELART, Armand. *Comunicação-mundo: história das ideias e das estratégias*, (1996, pp. 94-99). Os EUA tinham cerca de 13 milhões de desempregados e cerca de 40 bancos faliam por dia.

agentes presidenciais que percorreram o país, levando sua proposta e trazendo informações. Roosevelt também lançou mão de outros meios de comunicação como a rádio e os meios impressos.

Nesse momento, estava em jogo não apenas a permanência do Estado, uma vez que a unidade nacional estava abalada, pois diante da crise econômica, do desemprego, a população, sem estabilidade social, não permaneceu unida em torno do projeto de governo (do Estado). Da mesma forma, a própria soberania americana estava ameaçada, visto que a crise se alastrou por outros países no qual aos EUA eram devedores. Embora com a proposta governamental de recuperação da economia e com o uso da comunicação como estratégia política, o país não conseguiu livrar-se totalmente da crise, não alcançou a confiança do povo, a crença no Estado.

No Brasil, a democracia esteve ameaçada, diante das denúncias recentes sobre a corrupção no governo, as quais bem mais expostas à mídia do que as ações governamentais em favor da população, acabaram por disseminar o descrédito ao Estado. Muitas mensagens, veiculadas pela internet, comentavam a Ditadura Militar (1964-1985), cujos apontamentos eram reiterados pela frase: "Que saudade daquele tempo!". Nesse momento, também a soberania nacional esteve sob ameaça, visto que a democracia se mostrou como o lugar propício à corrupção, ocasionando que não apenas a população desacreditasse do Estado Democrático, mas que a descrença ao nosso regime se espalhasse também por outros países.

Assim, a democracia sustenta-se pela comunicação dialógica que propõe alternativas de respostas aos anseios da população, mas também acolhe suas críticas e seus novos anseios a partir da comunicação e seus meios, cujo uso deve sempre ser democrático. A oportunidade para o debate é a porta aberta para a formação do consenso, no sentido de que a opinião pública constitui-se num processo que se modifica continuamente. Retoma-se aqui a frase de Jean Paul Sartre: "Penso, logo mudo!".

Assim, embora a democracia pressuponha equilíbrio social – o que não significa manutenção permanente do *status quo* – por meio da comunicação, ela pode continuamente dialogar com o povo, para que o Estado permaneça, mas em processo de diálogo com a maioria.

Contudo, na maioria das vezes, o poder não utiliza a comunicação[5] em função da democracia, pois torna comum informações procedentes do poder que exerce, desprezando a opinião pública.

Comunicação no Estado Totalitário

Diferentemente do Estado Democrático, o Totalitário caracteriza-se pelo cerceamento do direito, havendo, portanto, um desajuste nos relacionamentos entre os homens: o território, patrimônio coletivo fica à mercê do poder instituído; a ideia de nação, em vez de ser aceita pelos indivíduos, torna-se imposição, assim, tradições e histórias moldam-se pelo ponto de vista do poder, uma vez que a coesão social é imposta; a segurança ou estabilidade social atende ao controle e à disciplina também imposta; a legitimidade que se fundamenta no direito representa o consentimento apenas da minoria do poder; a duração adquire o caráter da continuidade do poder sem consulta ao povo; a soberania do Estado não conta com o povo, mas é regra imposta pelo poder.

O Estado Totalitário impõe-se pelo controle, força e disciplina. Os homens tornam-se força de trabalho, tendo em vista a utilidade econômica máxima:

> [...] diminuição de sua capacidade de revolta, de resistência, de luta, de insurreição contra as ordens do poder, neutralização dos efeitos de contrapoder, isto é, torna os homens dóceis politicamente. (FOUCAULT, 1996, p. 17)

Para que os indivíduos sejam efeitos do poder, o poder impõe a disciplina e lança mão dos meios de comunicação em função

---

5 A palavra "comunicação" significa tornar algo comum e não se refere somente, mas também, aos meios de comunicação.

da propaganda massiva para obter coesão social. A legitimidade que se fundamenta no direito é conseguida por meio da propaganda política.

O Estado Totalitário suprime a ideia do cidadão participante da *polis* para situá-lo na massa[6] sobre a qual se impõe pelo poder de polícia, pela abolição do Direito, enfim, que limita o indivíduo à dominação do por meio do terror. Na massa, o indivíduo despoja-se de sua identidade, portanto perde sua individualidade, pois passa a agir em função do todo; também nela as hierarquias sociais são abandonadas, pois agem em função de uma liderança externa. O homem deixa, desse modo, de ser cidadão, que pensa, debate e forma opinião, para apenas reagir direcionado por uma meta, que, no caso do Estado Totalitário, pode ser personificada na figura de um líder, como foi, por exemplo, o caso de Hitler para o movimento nazista.[7]

Na relação do líder com as massas, assim se refere Arendt (1989, p. 358):

> Os movimentos totalitários objetivam e conseguem organizar as massas – e não as classes, [...] nem os cidadãos com suas opiniões peculiares quanto à condução dos negócios públicos [...]. Todos os grupos políticos dependem da força numérica.

A autora aponta como causas da implantação do Estado Totalitário, a descrença nos partidos políticos, a inflação, o desemprego, a perda do interesse do indivíduo por si mesmo, o desprezo pelas regras do bom senso, gerando o que ela denomina *sociedade atomizada*. Logo, os homens atomizados, isolados e sem relações sociais normais, acabam por estabelecerem total identidade com o líder e se alinharem em torno dele (da imagem do pai). A fim de que essa relação se solidifique, as massas são conquistadas por meio da propaganda.

---

6   O conceito de "massa" tem como fundamento a obra *Massa e poder* de Elias Canetti.
7   Pode-se citar também, como exemplo, o presidente George W. Bush, que representou para o povo americano a segurança contra "a ameaça que vem de fora", *cf.* CANETTI. Esclarece-se que a ameaça é o terrorismo.

A propaganda é o grande móbil do poder totalitário em busca de legitimação ou de consentimento popular para as ações governamentais, assim como em busca da inibição de possíveis reações de oposição. Benito Mussolini esteve sempre ciente da importância da propaganda: "A propaganda é a minha melhor arma!" (*apud* VIRILIO, 1993, p. 126). Principalmente ele que depois de uma grande campanha, foi eleito, em 1924, com a maioria de quatro milhões de votos contra dois milhões e meio da oposição, compreendida por socialistas, católicos e liberais. As consequências de seus atos foram: a censura da imprensa e a presença de atentados políticos que levaram a Itália à concepção de poder totalitário, em que o partido fascista confundia-se com o próprio Estado. O mesmo aconteceu, em 1933, na Alemanha, quando o Partido Nacional Socialista conseguiu o poder.

Segundo Arendt, "a relação entre propaganda e doutrinação depende do tamanho do movimento e da pressão externa" (1989, pp. 393-394). Foi exatamente o que ocorreu na Alemanha, quando, por meio da propaganda nazista, o povo judeu passou a representar ameaça à nação alemã; ou durante a Guerra Fria, porque o Ocidente divulgava a ideia da ameaça comunista, da mesma forma como os árabes foram apresentados pelo poder, via mídia, como ameaça à segurança do povo norte-americano.

No Brasil, não foi diferente, nem durante Vargas[8] e nem durante a Ditadura Militar, que se preocupou com a divulgação das obras do governo pela televisão. No governo Médici, foi notório o empenho em função da participação da seleção brasileira de futebol na Copa do México, em 1970, e em sua ampla divulgação. O poder interferiu na mudança do técnico da seleção e, depois da vitória, os jogadores, ao retornarem ao Brasil, foram

---

8 No Brasil, Getúlio Vargas usou massivamente a propaganda para legitimação do poder. Assumiu o governo em 1930 e em 1931 começou a preocupar-se com o rádio, como veículo de publicidade e propaganda (Decreto-Lei n. 21.111 de 1º de março de 1932). Cria o programa "Hora do Brasil", veiculado pela rádio, o qual com a imprensa fica submetido à censura, com a implantação do DIP (Departamento de Imprensa e Propaganda) em 27/12/1939. Isso se deveu ao fato de o locutor César Ladeira ter transmitido o noticiário da Revolução de 1932.

recebidos com honras de chefes de estado. A propaganda das obras faraônicas (a construção da Rodovia Transamazônica, do Sistema Hidrelétrico de Itaipu etc.) do regime ditatorial conseguiu a simpatia da classe média brasileira, portanto o poder que se instituiu e não contava com o apoio popular, tornou-se legítimo apesar do projeto totalitário.

Pela propaganda, o poder, como afirma Michel Foucault, disciplina os indivíduos da massa por meio do controle, a fim de se sustentar no poder. A duração do Estado Totalitário não se faz por meios democráticos (o sufrágio, o debate e o consenso), mas por meio da propaganda. Nele, o fluxo da comunicação possui uma única mão de direção, anulando qualquer divergência política ou a possibilidade de sua existência, o pluralismo é anulado, o debate não é permitido e o consenso não resulta das oposições, mas do direcionamento da informação, para a qual não se admite contestação. Só ao poder é permitido o espetáculo na mídia.

Passa-se, a seguir, à abordagem sobre o Estado de Exceção, que, embora não apresente muitas diferenças em relação ao totalitário, caracteriza-se por acirramentos de posições, com abolição total do Direito, visto que muitas de suas características se veem ameaçadas.

Comunicação no Estado de Exceção

O Estado de Exceção, comparado ao Totalitário, apresenta as mesmas características, mas possui um fechamento maior, visto que o direito fica tolhido. Apresenta total desajuste nos relacionamentos entre os homens, que se sentem ameaçados como um todo: o território é o lugar que pode ser invadido pelo inimigo; a ideia de nação fica abalada, pois se configura a possibilidade de perda das tradições e da história, que são usadas apenas em função da legitimação do poder interno, porque a coesão social é imposta pela propaganda de guerra; a estabilidade também é abalada e a segurança desaparece; a legitimidade, que corresponde ao consentimento da maioria, é substituída pela busca da unidade nacional, por meio da propaganda, em função da sustentação da violência.

Diferentemente do totalitarismo, que, apesar do terror instituído, mantém a unidade nacional e preserva a soberania, o Estado de Exceção tem sua soberania ameaçada, diante da possibilidade de ocupação de seu território pelo inimigo (como é o caso, por exemplo, do Iraque, no momento atual). Logo, suas características não podem ser compreendidas no plano do Direito, porque esse tipo de Estado se apresenta como a forma legal daquilo que não pode ter forma legal. Assim, para justificar ações que infringem regras sociais como: "Não matarás!", legitima-se por quaisquer meios, lançando mão de mentiras e/ou meias verdades.

Nenhum tipo de Estado sobrevive sem a comunicação, mas o que diferencia cada um é o processo comunicativo, uma vez que, nos dois últimos tipos analisados, a informação sob controle vem a público em função dos interesses do poder, em busca do apoio da massa para sustentar-se. Assim tem sido nas guerras quando o fluxo de comunicação é unidirecional e pede resposta imediata. A sociedade circula em torno do poder, ao qual dá consentimento, visto que se acha abalada pela ameaça que vem de fora. Portanto, o inimigo comum a toda nação favorece a coesão social. Se a população se torna mais coesa, fica mais receptiva à comunicação unidirecional e passa a agir como a massa (une-se em torno de uma meta: derrotar o inimigo comum).

Já na Primeira Grande Guerra, a propaganda dos Aliados foi planejada pelo Comitê Creel, cujo objetivo era "vender a guerra ao público americano e vencer a reticência dos pacifistas" (MATTELART, 1994, p. 62). Desde então, a exposição de imagens censuradas e/ou a seleção ardilosa de textos informativos para divulgação, a fim de conquistar a opinião pública, foram desencadeadas. Logo, a comunicação foi fluxo com apenas uma direção, impulsionada para controle, exigindo disciplina conivente com a violência, cujo exercício pela comunicação fez outra vítima: a consciência humana, pois, sem a verdade, a maioria da população ficou impedida de pensar sobre os acontecimentos, ou seja, sobre a própria realidade, a fim de tomar decisões.

O mesmo acorreu em outras guerras, quando o controle da informação tornou-se prioridade para o poder, cuja intenção foi a busca de consenso, ou seja, a conquista da opinião pública. Assim, a censura da informação elimina o risco de perda da unidade nacional, como aconteceu com o governo americano por ocasião da Guerra do Vietnã, quando jornalistas, como Peter Arnett, conseguiram ludibriar o controle da informação, divulgando tantas vezes a verdade. Essa atitude de lisura profissional levou milhares de americanos a protestarem contra a guerra.

Por outro lado, esse fato levou à mutação do fluxo de comunicação de acontecimentos reais para a exposição na mídia de fatos virtuais, como se a guerra pertencesse ao universo da ficção, do entretenimento, ou da virtualidade. A comunicação continua a propiciar a legitimidade do poder, mas por meio do *show* de visibilidade da guerra exibido na tela da televisão, o que comprova a substituição da órbita anatômica da visão pelas retinas artificiais da tecnologia. Comunicar não mais significa tornar comum as informações, trocá-las, mas pela visibilidade tecnológica, apenas recebê-las.

A propaganda dos regimes totalitário e de exceção – torna evidente o aniquilamento, dentre outros, do direito de expressão que, na democracia, garante não a reação massiva, mas o debate, a divergência de opiniões em busca do consenso. Observou-se que a democracia deve garantir espaços para o exercício da liberdade de pensamento, locomoção, divergências, enfim, para o pluralismo, diferentemente dos outros dois tipos de Estado, que carregam em seu âmago apenas a busca da legitimação direcionada para a sustentação e permanência no poder.

Se a democracia atualmente está cada vez mais se tornando uma utopia, visto que os meios de comunicação são utilizados de modo unidirecional em função do poder instituído ou contra ele, faz-se necessário que aqueles que não aceitam a propaganda política tomem posição em relação à manipulação, para que o poder não se apresente por meio da propaganda nos veículos de comunicação apenas como espetáculo que convence as massas. Importa, pois, que a sociedade não seja apenas dependente do sistema de mídia, mas que tenha a oportunidade de retomar, em qualquer tipo de comunicação, o diálogo, o debate e a opinião.

2

GUERRA: VERDADE, OPINIÃO E PROPAGANDA[9]

Considera a relatividade da verdade, no sentido de que ela se constitui interpretação discursiva dos fatos. Nesse sentido, comenta a importância do caráter numérico da opinião, que – discursiva – se forma pela discussão de verdades individuais, para que se chegue ao consenso numérico: condição *sine qua non* para a sustentação de qualquer tipo de poder. Por isso, observa-se que, durante as guerras, para cooptar a opinião pública, o poder lança mão da propaganda de mentiras, que não justificam a violência, mas que legitimam suas ações.

Verdade e opinião

Os meios de comunicação, durante as guerras, veiculam informações constituídas por cenas e discursos que não correspondem aos fatos, pois são descritas a partir de um determinado ponto de vista e analisadas dentro de um dado contexto. Logo, não são neutras e nem imparciais. A partir dessas observações,

---

9   NP 3: Propaganda Política, do IV Encontro dos Núcleos de Pesquisa do Intercom.

O PODER DO PODER DA COMUNICAÇÃO

pretende-se discutir o caráter da verdade e qual a relação que possui com a opinião, considerando situações que interessam à legitimação do poder, por meio da propaganda.

Se a verdade se apresenta como fato, acontecimento, realidade, o que faz com que as pessoas a transformem em um processo de pontos de vista? Participa do domínio do senso comum a crença de que "quem conta um conto, aumenta um ponto", portanto a verdade pode ser o tema de uma história, que, ao ser contada, se transforma. Ainda, em relação à verdade, acredita-se que ela se opõe à mentira que acaba por se revelar como tal, fazendo a verdade vir à tona.

Mas a verdade está, cada vez mais, perdendo sua força. Conhecemos as seguintes afirmações de Kipling: "A primeira vítima de uma guerra é a verdade" (*apud* VIRILIO, 1993, p. 61); do Nazismo: "A mentira dita cem vezes, acaba sendo aceita como verdade";[10] e de Benito Mussolini: "A propaganda é a minha melhor arma!" (*apud* VIRILIO, 1993, p. 126). Essas três assertivas possuem relação intrínseca, visto que a primeira pressupõe a inexistência da verdade durante a guerra; a segunda, a necessidade da disseminação da mentira vestida com a máscara da verdade, para formar a opinião; e a terceira, o reconhecimento da propaganda como arma de guerra poderosa.

A guerra representa o exercício exacerbado de poder, como se observa na definição: "A guerra é, pois, um ato de violência destinado a forçar o adversário a submeter-se à nossa vontade". Para que isso aconteça, ela é um ato planejado, que depende de um aparato: "A violência mune-se com as invenções das artes e das ciências" (CLAUSEWITZ, 1996, p. 7). Segundo esse autor, o objetivo principal desse tipo de violência é desarmar o inimigo. Essa ação não corresponde apenas ao desarmamento bélico,

---

10 VIRILIO, Paul. *Guerra e cinema*, (1993, p. 44). Referindo-se a Joseph Goebbels, ministro da propaganda de Hitler, enviou cerca de cinquenta mil discos de propaganda a todos os lares alemães que possuíssem um fonógrafo e impôs aos diretores de salas de cinema, frequentemente através da violência, a projeção de curtas-metragens ideológicos. Desde que assumiu o ministério, Goebbels conseguiu que a grande maioria dos cidadãos possuísse rádios portáteis.

mas ao desarmamento da verdade, das leis que regem o Estado, dos direitos e deveres humanos responsáveis pela civilização.

Em estado de guerra, ou em exercício exacerbado de poder, o aniquilamento da verdade é calculado para que o poder se exerça de modo irrestrito. É ilustrativa a indagação de Hannah Arendt: "Será da própria essência da verdade ser impotente e da própria essência do poder enganar?" (1995, p. 9). Ao situar a verdade, limita-a aos fatos, apontando para sua fragilidade diante do poder: "São efetivamente muito tênues as possibilidades que a verdade de fato tem de sobreviver ao assalto do poder" (p. 15).

Mesmo que, para ela, os fatos sejam irrefutáveis, reconhece a existência de conflito entre e a verdade e a política. A verdade é o contrário da opinião, resultado da "mentira organizada", equivalente da ilusão, "porque a opinião, e não a verdade, é uma das bases indispensáveis de todo o poder".[11]

A verdade é frágil se abandonada a si própria, mas quando possui proporção numérica, "adquire firmeza e confiança" (ARENDT, 1995, p. 19). Assim, a transição do fato para a opinião baseia-se na importância numérica: "A passagem da verdade racional à opinião implica uma passagem do homem no singular aos homens no plural" (p. 20). O valor da opinião vinculado à quantidade vem reiterada em outra obra da autora: "o vigor da opinião, quer dizer: o poder do governo, depende de números; ele reside na proporção do número ao qual é associado" (p. 35).

Ao contrapor a verdade à opinião, analisa o caráter individual daquela – como fez Platão, sobre a verdade solitária do filósofo: a evidência de razão. A fim de se afastar dessa posição, Arendt desloca-a do indivíduo para a realidade, para a evidência dos fatos, a qual, diante do poder, corre o risco de "desaparecer na diversidade dos pontos de vista" (ARENDT, 1995, p. 23) da

---

11   Arendt continua seu argumento (1995-1999, p. 17): "Todos os governos se baseiam na opinião", diz James Madison, e mesmo o mais autocrático dos soberanos ou dos tiranos nunca poderia aceder ao poder" [...] – sem apoio daqueles que são do mesmo parecer".

opinião. Embora tenha mostrado uma relação antitética entre verdade e opinião (singular/plural, individual/social, solitária/comunicada), a autora acaba por fazer a intersecção entre a verdade, que abandona seu isolamento individual, e a opinião. Quando isso ocorre? No momento em que se desloca do indivíduo para a realidade observada por muitos – "a verdade de fato, que diz respeito a acontecimentos e circunstâncias nos quais muitos estiveram implicados, é estabelecida por testemunhas e repousa em testemunhos" (p. 24). Logo, se a verdade de fato também se imiscui na pluralidade dos pontos de vista, ela possui de alguma forma a característica da opinião.

Portanto, a verdade também passa ao domínio público e, nesse sentido, é política, ou seja, não há oposição entre fatos e opiniões, visto que aqueles são o objeto dessas. Por esse motivo, a opinião é legítima, enquanto configura o discurso sobre a verdade dos fatos, se não houver esse vínculo entre ambas, devido à censura ou manipulação da verdade de fato, não haverá liberdade de opinião.

A ruptura da onipotência da verdade ocorre não somente pelo deslocamento do núcleo da verdade da razão individual do filósofo para a realidade dos fatos, mas também na quebra do privilégio da verdade que se presta à interpretação discursiva de testemunhas. Então, o deslocamento da racionalidade filosófica, individual, para a realidade objetiva também não satisfaz o conceito de verdade, porque os fatos se prestam à interpretação, pois o próprio testemunho representa um ponto de vista.

Verdade e poder

A verdade perpassa pelo sujeito que testemunha o fato. Ela se esclarece em diferentes pontos de vista de testemunhas oculares ou não, passando a pertencer ao domínio público. Ao condicionar a verdade aos fatos, Arendt retoma Platão que divide os receptores em dois tipos: os que são capazes de percebê-la, graças ao nível de instrução e os que "conseguem defender opiniões justas" (ARENDT, 1995, p. 27). A concepção do filósofo apresenta o caráter discriminatório em relação à percepção da verdade: os pontos de vista imutáveis de seus detentores e aqueles que podem ser persuadidos.

Essa percepção corresponde à visão proveniente da perspectiva do poder – os que detêm o direito de persuadir – cuja atuação na política, "caráter despótico", se faz sempre do ponto de vista de que os outros são passíveis de serem persuadidos. Assim, a verdade – afirma – é abominada pelos tiranos, pois temem que ela constitua uma força coercitiva que não possam monopolizar, e também não é bem aceita pelos governos que se assentam "sobre o consentimento e dispensam a coerção" (ARENDT, 1995, p. 28). Tanto a preocupação dos tiranos em ter o monopólio da verdade, quanto à necessidade do consentimento para legitimação, levam à constatação de que ambos têm a possibilidade de, por meio da opinião, restringir a verdade, de fato, que (mesmo irrefutável) é usada favoravelmente ao poder instituído. Logo, ao diferenciar os dois modos de usar a verdade, a autora admite que, embora ela possa incomodar o poder, ele também depende dela quando transformada em opinião – a discussão é "a própria essência da vida política" –, que nem sempre se assenta sobre a verdade. Esse é o ponto crucial do limite entre verdade e opinião: aquela pode ser apresentada sob diferentes pontos de vista individuais; mas esta depende do debate, a fim de que alcance uma síntese, um consenso.

Se o pensamento político é representativo, supõe-se que sintetize os diferentes pontos de vista para formar a opinião. Há uma relação diretamente proporcional entre a representação política e a validade da opinião (conclusões finais), cuja força se fundamenta na pluralidade dos pontos de vista que a constituíram e na representatividade do político diante da verdade de cada um dos representados. Por isso, a autenticidade do processo de formação da opinião depende de que seja independente de interesses privados.[12]

Embora tenha conduzido seu texto, contrapondo inicialmente a onipotência da verdade individual do filósofo aos outros que apenas a apoiam, porque foram persuadidos, a filósofa reafirma que, mesmo que alguém considere seu próprio interesse (ou do grupo a que pertence) para formar uma opinião, nunca se encontra "sozinho na solidão do pensamento filosófico, mas em um mundo de interdependência universal" (ARENDT, 1995, p. 29) em que se pode representar outra pessoa.[13] Portanto, o pensamento discursivo, porque social, participa da essência da opinião e não apenas da expressão do testemunho da verdade de fato. É a opinião que corre de um lugar a outro, "passando por todas as espécies de pontos de vista antagônicos, até que se eleva de suas particularidades até a uma generalidade imparcial" (p. 30). Entende-se, assim, que apenas as verdades de fato servem de matéria à opinião, mas é a verdade racional que ilumina o entendimento humano, a partir do qual se forma a opinião proveniente do debate no qual se encontra a multiplicidade do pensamento.

A evidência dos fatos vem à tona, por meio de testemunhas oculares sujeitas à caução de arquivos, de documentos e de monumentos, que podem ser falsos. Do mesmo modo, a comprovação pode também ser proveniente de testemunhos da maioria, os quais correm o risco também de não serem verdadeiros. Se os fatos necessitam de testemunhas, cuja expressão discursiva pode não corresponder à verdade do fato, a verdade não é monolítica, ou seja, não é única, nem isolada, muito menos neutra ou imparcial; ela depende dos indivíduos.

---

12 Nesse ponto, Hanna Arendt certamente não exclui da vida democrática os interesses privados, mas os inclui na opinião da maioria, de modo que eles não se constituam as forças organizadas (*lobbies*) que conduzam os interesses do Estado, como vem acontecendo na sociedade atual. A opinião, portanto, não se fecha e não pode se restringir a interesses do poder econômico, militar e midiático, mas se abre a toda sociedade.

13 Na página 30, Hannah Arendt afirma que *a qualidade de uma opinião, tanto como a de um julgamento, depende de seu grau de imparcialidade*. A imparcialidade para ela também não é absoluta; possui graus.

Além disso, ela também se submete aos detentores de opinião, que a manipulam, conforme interesses privados, por exemplo, interesses de audiência para vender produtos. Portanto, ela é vulnerável, como exemplifica a autora:

> A afirmação "todos os homens nascem iguais" não é evidente, mas exige o acordo e o assentimento – que a igualdade, a ter um significado político, é um assunto de opinião, e não de "verdade". (ARENDT, 1995, p. 36)

Se a asserção depende de livre acordo e livre consentimento, é resultado do pensamento discursivo, representativo e comunicado por meio da persuasão e da dissuasão (ARENDT, 1995, p. 37).

Se a verdade se encontra nos fatos que, ao se revelarem discursivamente ainda que documentados ou testemunhados, têm a probabilidade de serem falsos, ela nunca é onipotente, porque, obrigatoriamente, passa pela interpretação humana. Esse limite frágil e incerto implica a ideia de que a opinião, independente de manipulação de forças políticas, econômicas e militares que atendem a interesses de exercício de poder, converge para a incerteza da democracia, que depende de números e de pluralidade, mas que se propõe como representação da maioria. Isso é o bastante.

Um fato que exemplifica essa reflexão é a eleição de Luís Inácio Lula da Silva para presidente do Brasil. Enquanto Lula permanecia adstrito à imagem e ao discurso de uma faixa da população (dos trabalhadores urbanos, especificamente os metalúrgicos), não possuía representatividade numérica suficiente para ocupar o cargo pleiteado, conforme a exigência da maioria dos eleitores em relação à abrangência e à posição do cargo pretendido. Tanto seu discurso quanto sua imagem indicavam um confinamento político e não caracterizava uma representatividade plural da maioria numérica do eleitorado.

Opinião e propaganda

Diante da afirmação de que o poder necessita de números e de que a verdade passa a ser opinião, quando se torna objeto de discussão, não há dúvida de que lhe interessa muito mais esta do que aquela. Pode-se inferir que a verdade só interessa ao poder, quando for objeto de discussão, ou seja, quando se fizer consenso, no sentido de que passa a participar do domínio público e, do ponto de vista do poder, se for retificadora de sua ideologia e manutenção.

Se a opinião pública não for instituída a partir da perspectiva do poder e pertencer ao domínio dos cidadãos, poderá servir de crítica e de cobrança em relação aos compromissos assumidos com o povo, pelos representantes sociais por ele eleitos. Porém, muito mais do que um fluxo democrático com duas mãos de direção, observa-se que a opinião é utilizada no sentido de "ganhar publicidade", isto é, divulgar os fatos de tal modo, que o detentor do poder se torne conhecido e apoiado. Como afirma Habermas, referindo-se às associações públicas: "A representatividade é menos um elemento da estrutura associativa interna e bem mais uma *expressão de sua intencionalidade pública*" (HABERMAS, 1984, p. 234). Devido a essa intenção, "o prestígio é encenado – ao invés de nele desenvolver-se a crítica" (p. 235).

Esse autor observa que durante o período da monarquia, quando os monarcas praticavam a política do segredo, as decisões políticas eram sujeitas à revisão perante a opinião pública. Contudo, na atualidade, há predomínio de uma política de interesses, por meio da fabricação da esfera pública, que se caracteriza pela predisposição à concordância dos consumidores da política. Não há interesse em formar a opinião, no sentido crítico, mas em disseminar, pelos meios de comunicação de massa, as propagandas que favoreçam a dominação política:

> A opinião pública continua a ser objeto da dominação mesmo lá onde ela esteja obrigada a fazer concessões ou se reorientar; ela não está presa a regras do debate público ou, de um modo geral, a formas de verbalização, nem precisa estar envolvida com problemas políticos ou endereçada a instâncias políticas. (HABERMAS, 1984, p. 283)

Atualmente, a propagação da opinião não envolve somente a disseminação da verdade que pertence ao domínio comum, mas depende do "fabrico de imagens e da política dos governos" (ARENDT, 1995, p. 43). Gabriel Tarde, em *A opinião e as massas*, refere-se ao livro e ao jornal como sendo os maiores estímulos propulsores das conversações, cuja motivação se faz por meio de algo, em comum, que se propaga por meio delas. A fonte impressa se faz opinião:[14] "o que os homens falam após terem pensado", mas que pode tanto ter força para o bem como para o mal. Diferentemente de Arendt, para Tarde (2005), a opinião não se constitui a partir da verdade dos fatos, mas a partir da interpretação deles feita por outra opinião veiculada.

Se a opinião está mesmo associada à possibilidade da mentira, ela também é, conforme afirma Tarde, numérica, propaga-se, "os erros e as verdades discutidas ganham os confins da cidade, em que se estabelecem como artigos de fé" (1992, p. 94). Nos dias atuais, com o avanço das tecnologias de comunicação visual, ao ganhar abrangência numérica, à medida que se expande, ela abandona o princípio da conversação que se faz a partir do fato pensado, para retificar o discurso veiculado pela televisão, o qual associado à imagem se fixa como mensagem massiva padronizada.

Os fatos recebidos via televisão não são "ao vivo" como comumente se pensa, mas são editados, a fim de mostrar outra realidade que não corresponde à verdade dos fatos, uma vez que

---

14 TARDE, Gabriel. *A opinião e as massas*, (2005, p. 94). A opinião, esse móbil do qual conhecemos toda a força para o bem e para o mal, não é, em sua origem, mais que o efeito de um pequeno número de homens que falam após terem pensado e que formam sem cessar, em diferentes pontos da sociedade, centros de instrução a partir dos quais os erros e as verdades discutidos, ganham pouco a pouco os últimos confins da cidade, onde se estabelecem artigos de fé.

sua interpretação é feita de acordo com a intenção das estruturas de poder. Conforme Hannah Arendt (1995, p.46):

> Se as mentiras políticas modernas são tão grandes que requerem um completo rearranjo de toda a textura factual –, o fabrico de uma outra realidade, por assim dizer, na qual se encaixam sem costuras, fendas, nem fissuras, exatamente como os fatos se encaixavam no seu contexto original, – o que é que impede essas histórias, imagens e não fatos novos de se tornarem um substituto adequado da realidade e da factualidade?

Muito mais importante do que preservar ou manter a verdade é "a conservação intacta da imagem da propaganda" (ARENDT, 1995, p. 48), que só é ameaçada por aqueles que não concordam com ela. A opinião não se faz pelo compartilhamento do discurso sobre a verdade dos fatos, ou seja, sobre o que eles significam para cada cidadão ou grupo deles, mas sobre a maquiagem ou distorção da verdade. Se o poder se constituiu a partir de um discurso aceito pelos cidadãos como verdadeiro, esse discurso passa a emoldurar a mentira que deve ser aceita. "É o apoio do povo que confere poder às instituições de um país, e este apoio não é mais do que a continuação do consentimento que trouxe as leis à existência" (1994, p. 34).

Opinião e propaganda na guerra

Em caso de guerra, importa para o poder que a legitimação da representatividade política seja transferida para a violência, no sentido de que ela exige, desde a Primeira Guerra Mundial, o apoio da opinião pública, conquistada por meio das tecnologias de comunicação. Para o poder não interessa vencer a guerra e perder a opinião pública, porque, se isso acontecer, deixará de ser poder.

O episódio de 11 de setembro de 2001 – o ataque terrorista ao World Trade Center em Nova Iorque –, ação de um grupo terrorista restrito, foi a justificativa para a guerra contra o terror, isto é, contra todo um país: o Afeganistão – cuja maioria da população não deve participar desse grupo. Ao mesmo tempo, a ação norte-americana tornou-se legítima, pois a população, sem questionamentos, apoiou o governo, desde o início da proposta de ataque. A escolha da retaliação como resposta foi justificada do ponto de vista da opinião pública americana que se viu ameaçada. Tanto o ataque terrorista quanto a retaliação são violências instrumentais, porque foram planejadas, calculadas, a fim de que alcançassem o fim que as justificavam, embora apenas a segunda tenha tido a adesão dos cidadãos; a primeira teve o impacto da surpresa.

A Guerra contra o Terror muniu-se do aparato da propaganda a fim de ser legitimada, ou seja, para não perder a quantidade numérica de cidadãos que concordavam com ela. Fez uso, por exemplo, insistentemente das imagens televisivas gravadas no momento do ataque ao World Trade Center, da busca de sobreviventes, da comoção do povo americano e de frases veiculadas: a guerra do bem contra o mal, pois qualificava e justificava a retaliação. A imagem aglutinadora dos ataques era a do terrorismo, contra quem todos deviam lutar da mesma forma como a imagem do comunismo, propagada durante a Guerra Fria, que justificou as inúmeras incursões do poder, cuja intenção sempre foi a conquista do petróleo e a expansão territorial.

Essas imagens, que nem sempre condizem com toda a verdade ou com a causa dos fatos, são pontos cardeais, responsáveis pela coesão da opinião pública. Mas, se pensarmos na estratégia adotada pelos Estados Unidos na guerra contra o Iraque, constata-se que ela foi uma guerra, cujo pretexto derivou da motivação da guerra contra o terrorismo. Aproveitou-se a opinião pública americana já agregada em torno da propaganda que justificou a retaliação feita ao Afeganistão. Assim, vários motivos, ou seja, várias mentiras divulgadas mantiveram a maioria do povo americano em torno do apoio à guerra contra o Iraque, o que levou George Bush a fazê-la, mesmo contra a manifestação expressa de outros países e contra a decisão da ONU.

Os fatos não justificaram o ataque ao Iraque, porque as hipóteses sobre o arsenal de armas do exército iraquiano não se comprovaram, isto é, não houve fatos. Além disso, não houve evidências sobre o fato de que o governo iraquiano, embora presidido por um ditador, abrigasse terroristas. A continuidade da guerra assentou-se sobre a mentira. Portanto, não houve aniquilamento da verdade, pois ela não existiu. Isso nos leva à indagação de Hannah Arendt: "Será da própria essência da verdade ser impotente e da própria essência do poder enganar?" (1995, p. 9).

A guerra, um ato de violência, conforme Clausewitz, por meio de planejamento e de invenções das artes e das ciências, procura forçar o adversário a submeter-se à nossa vontade. A guerra contra o Iraque não visava apenas ao desarmamento do inimigo, mas fundamentalmente ao domínio do território do país que contém a segunda maior reserva de petróleo do mundo.[15] Para que esse objetivo fosse atingido, não foi apenas necessário o domínio do inimigo por meio de armas, mas o controle da opinião pública por meio de mentiras divulgadas pela mídia.

Logo, George Bush, além de desrespeitar a ONU, organização que vem trabalhando em função da paz mundial, lançou mão dos meios de comunicação, a fim de usar a sedução para que a opinião pública americana se mantivesse coesa em torno de uma guerra gerada pela mentira. Embora tenha sido um conflito sem justificativa, foi legitimado pela maioria numérica que a apoiou, sem opinar sobre fatos reais – inexistentes –, mas acatando imagens e discursos: fatos virtuais – gerados pelo poder e repetidos insistentemente pelos meios de comunicação. Não houve fatos que justificassem a guerra, mas mentiras que a legitimaram.

---

15 CHOMSKY, Noam. *Novas e velhas ordens mundiais*, (1996, p. 238). O autor apresenta esse interesse norte-americano desde o período da Guerra Fria, expresso pelo Secretário de Estado, referindo-se à península árabe: "Uma fonte estupenda de poder estratégico e um dos maiores prêmios materiais na história mundial" ou, como disse Eisenhower, a mais "importante área estratégica do mundo".

O argumento de que a propaganda é a arma mais importante da política, seja ela do Estado Democrático ou de Exceção, está fundamentado na visão da realidade, de onde o poder e a mídia selecionam os fatos a serem divulgados. Como arma política, é por meio da propagação desses fatos que o poder consegue a adesão dos cidadãos à própria causa, muitas vezes denominada causa nacional, como se fosse do interesse de todos os cidadãos. As imagens veiculadas com o apoio do discurso, repetidas e suplementadas pelos diversos meios de comunicação, tornam-se convincentes, persuasivas, por isso, em torno delas, todos se unem. Portanto, na era da comunicação de massa, quanto mais apelativa e dramática a divulgação, mais se consegue a aderência emocional da massa.

Além disso, a verdade não pode ser entendida apenas como um fato isolado, pois se ela pertence ao domínio social, exige reflexão no sentido de que seja pensada na sucessão dos fatos, na história. O fato sincrônico é consequência de muitos outros que o sucederam. O ataque (já mencionado) ao World Trade Center, por exemplo, é resultado da política de dominação americana que vigora há tantos anos. Observar o fato isoladamente constitui apenas um fragmento da verdade, que se pretende onipotente. Assim, a verdade não tem integridade (no sentido duplo) quando reúne em torno de si a opinião do momento presente, uma vez que há também aquela opinião que perpassou o tempo, proveniente do passado e que deve emergir, quando necessário – é o caso das guerras citadas.

Se a mídia abandona o passado, como é o caso da televisão para a qual importa o imediatismo, cada vez mais se propicia a manipulação e a adesão, não da opinião, mas da massa. Por isso, é relevante que a sociedade midiática não perca a habilidade de pensar e fazer escolhas críticas e reflexivas, a fim de tomar decisões que não sejam impensadas como as das guerras. Para tanto, é fundamental não se esquecer dos conflitos do passado que também se assentaram em "verdades parciais" e legitimaram-se pela propagação de imagens nacionais e daquelas que ameaçavam os cidadãos.

Nesse sentido, o resgate à memória, ao passado, adquire prioridade em vista das decisões que devem ser incisivas. Isso é o que Bergson chama "consciência", pois depende da memória que não é uma faculdade de classificar lembranças, mas duração, ou seja, fluxo: movimento do passado que nos impulsiona para o futuro. Assim, declara que onde houver vida "haverá, aberto em alguma parte, um registro em que o tempo se inscreve" (BERGSON, 1979, p. 26).

Assim, consciência fundamenta-se na mobilidade, ou seja, na capacidade de voltar-se para o passado e retomá-lo, por meio da percepção de imagens ou da linguagem que dá sustentação à inteligência, e redirecionar o futuro, a partir da liberdade de decidir dentre muitas escolhas. Isso é consciência, é o que envolve duração. Significa invenção, criação de forma, elaboração contínua do novo, visto que isolar o fato do fluxo da história, de sua verdade também diacrônica, conduz a sociedade a ações e reações intempestivas: uma guerra por ano, devidamente legitimada, embora não justificada, pela opinião pública que se fundamenta apenas pela divulgação imediata.

3

TRÊS FACES DA VIOLÊNCIA

Baseando-se em acontecimentos atuais veiculados pelos *media*, analisa a violência a partir de três vetores, relacionando-a com a massa: 1) aborda a violência trazida para dentro de casa via televisão, que é banalizada e assimilada desde a infância; 2) observa que a massa participa e reitera a violência, porque exige a morte do condenado, sem culpa e, em nossa época, comodamente instalada em casa; e, por fim, 3) comenta a violência das guerras legitimadas pelo Estado e pelo uso totalitário da televisão, o que dizima massivamente as populações.

Violência: antes e agora

Há dois anos, a notícia de que um grupo de jovens de classe média havia assassinado um índio pataxó em Brasília, veiculada pelos jornais e TV, nos deixou profundamente abalados. Embora a criminalidade não seja uma exclusividade das populações marginalizadas econômica e socialmente, sabe-se que as carências sociais, que se sustentam na impossibilidade de suprir as necessidades humanas básicas como a alimentação, por exemplo, geram condições favoráveis ao crescimento da violência social.

No entanto, o que mais nos questionou, diante do fato de os jovens terem ateado fogo ao corpo do índio que dormia estirado em um banco de um ponto de ônibus, foi a declaração de um deles em uma entrevista divulgada por um jornal de São Paulo: "Pensei que fosse uma brincadeira". Como educadora, vi atirada em uma lata de lixo toda a pedagogia extraída de teorias educacionais que tinha como avançadas e atualizadas. Os questionamentos afloraram de modo contundente: o que faz com que jovens que tenham boas condições de vida, suas necessidades básicas supridas e frequentado boas escolas pratiquem um ato de tal gravidade e ainda pensem que seja uma brincadeira?

Em busca de respostas, mergulhei (como sempre fiz) em leituras que pudessem pelo menos oferecer um fio que conduzisse ao labirinto possível de respostas intrincadas e que me levassem a entender essa realidade que os *media* me mostravam de forma cruel, mas real. A observação comparativa de realidades também se mostrou importante. Lembrei-me de que, quando criança, também havia, na cidade em que morava, alguns crimes que assombraram minha vida com muito mais veemência (eles eram reais) do que os monstros dos contos de fada contados pela avó paterna. Dentre eles havia o estuprador que matou a menina Iracema; outro que, fugindo da polícia, passou por dentro de minha casa; também, o menino que ao brincar com o revólver do pai matara o irmãozinho; e, ainda, o Pé-de-veludo que, depois de muitos anos de atividade de furtos, passou a roubar e morreu em um confronto com a polícia, quando foi morto também o delegado, que voltara a estudar, sendo, naquele momento, meu colega de faculdade.

Diante das lembranças, começou a comparação: os crimes não eram tantos – eram esporádicos – e nem estavam como hoje, tão perto de cada pessoa. Portanto, a violência proliferou como os vírus. Além de ter se reproduzido, ela chega mais rápido até o cidadão. Na época, rádio, jornais e revistas divulgavam informações que chegavam até nós em determinados horários e/ou dias da semana. De novo, há a televisão, tecnologia de comunicação que rompeu, via satélite, os limites do bloco soviético, criando necessidades à população que até então eram supridas pelo próprio Estado. A televisão foi tão importante durante a Guerra Fria, que em 1972, por ocasião da 27ª Assembleia Geral, a União Soviética, vendo que sua soberania se achava ameaçada, propôs à ONU a regulamentação da informação que invadia suas fronteiras ideológicas.[16]

A televisão: a violência dentro de casa

Da mesma forma que ameaçava, durante a Guerra Fria, romper as fronteiras ideológicas da União Soviética, o texto aprovado declarava em sua primeira alínea:

> As atividades exercidas no domínio da televisão direta internacional por satélite deveriam sê-lo de uma forma compatível com os direitos soberanos dos Estados, inclusive com o princípio da não ingerência, e com o direito – proclamado nos instrumentos pertinentes das Nações Unidas – de qualquer pessoa procurar, receber e divulgar informações e ideias. (MATTELART, 1994, p. 196)

Se uma das preocupações da União Soviética era o respeito à sua soberania e ao princípio da não ingerência, o que se pode pensar considerando que o Estado é formado por pequenos grupos (as famílias) e cada cidadão? Como a televisão realizou/realiza a interferência na vida de cada cidadão?

Todos têm consciência de que, se pretendemos viver em uma sociedade democrática e aberta, deve-se entender que – vale a pena relembrar – a liberdade de cada um, considerada junto a do outro, é o princípio básico para o exercício da democracia. Preocupados com a forte ingerência da televisão na vida social, devido ao excesso de poder que detém, Karl Popper e John Condry afirmam:

---

16 MATTELART, Armand. *Comunicação-mundo*, (1996, p. 196). "Em novembro de 1971, por ocasião da 27ª Assembleia Geral, a delegação soviética propõe que seja elaborada uma Convenção Internacional sobre os Princípios de Utilização pelos Estados de satélites artificiais destinados à televisão direta". "[...] Essa proposta só não foi adotada por uma das delegações: a dos Estados Unidos."

> Quanto mais desenvolvida for a vida cívica, mais elevado será o nível de educação dos cidadãos e menos necessária se tornará a intervenção do Estado com todos os seus aparelhos. É um princípio muito simples... (1995, p. 9)

Acrescenta Popper, referindo-se mais uma vez a Emmanuel Kant (1995, p. 9):

> E a ideia é sempre a mesma: dilatar ao máximo a liberdade de cada um nos limites impostos pela liberdade dos outros. Ora, se persistirmos nessa via (refere-se ao poder exercido pela televisão), depressa nos encontraremos numa sociedade em que o assassino será moeda corrente.

Ao observar a realidade das tecnologias que acabam por se incorporar e mudar a vida dos cidadãos e que, portanto, aí estão predestinadas a permanecerem e evoluírem cada vez mais, os autores colocam a possibilidade de a televisão "constituir um ambiente favorável à socialização das crianças" e tornar-se "um notável instrumento de educação" (POPPER, 1995, pp. 15-16). Mas, por enquanto, ela continua sua atividade de banalização das informações, incluindo as que dizem respeito à violência. John Condry fez seu estudo sustentando sua análise em pesquisas realizadas nos Estados Unidos e partindo da indagação: em que se ocupam hoje em dia as crianças americanas, nomeadamente as de três a onze anos de idade, nas cento e doze horas que têm de vigília por semana?

As crianças americanas passam, em média, quarenta horas semanais vendo televisão ou jogando *videogames*. Quando pequenas, as crianças de três a seis anos aproximadamente, na fase egocêntrica, assistem à televisão para conhecer o mundo, que incorporam à sua vida, uma vez que ainda não têm condições de discernir ficção de realidade, exatamente porque são incapazes de conhecê-la e criticá-la. Sabemos que, nessa fase, elaboram suas relações com os adultos ouvindo contos de fada: a fantasia é, portanto, uma das formas de resolverem os conflitos da realidade. Se as crianças americanas, que frequentam escolas em período maior do que as brasileiras, por causa da televisão leem e brincam menos, pelo menos, o mesmo deve acontecer no Brasil. Além disso, Condry observa:

Idade	Ocorrência
2 anos	Começam a ver desenhos animados que expõem 25 atos de violência por hora.
6 anos	90 % são clientes habituais da televisão.
6 a 11 anos	Assistem às *situation comedies* (*sitcom*).

Em detrimento dos programas infantis que apresentam vinte e cinco atos de violência por hora, o autor privilegia as *sitcom* que apresentam valores e costumes próprios da cultura. Os desenhos animados levam as crianças a concluírem que o mais forte é quem tem razão; diante de que constata:

> As crianças que veem televisão são mais agressivas do que as que veem pouco e temem mais a violência do mundo real, assim como outras ficam insensíveis a essa violência. (CONDRY, 1995, p. 43)

Esses resultados não são diferentes dos observados em uma pesquisa realizada em Curitiba, que foi veiculada recentemente por um jornal paulista: os estudantes em grupos diferentes dividiram-se em: os que assistiram à televisão e os que não a assistiram. Em seguida, participaram de jogos de futebol e constatou-se que os primeiros foram mais agressivos do que os do segundo grupo. Não vamos, porém, nos deter mais sobre as informações contidas no livro dos estudiosos que ainda pesquisaram, em 1989, a veiculação de informações sobre as drogas[17] e sobre a sexualidade.[18]

---

[17] CONDRY, J. (1995, p. 51). "Durante as trinta e seis horas de programas visionados desta forma que recolhemos no decurso de dois dias típicos referenciamos 149 mensagens relacionadas com drogas. Nesse total haviam 121 mensagens favoráveis (81,2%) e 22 desfavoráveis (14,8%), sendo 6 ambíguas."

[18] CONDRY, J. (1995, p. 54). "Um adolescente habituado a ver regularmente televisão recebia uma média anual de 2500 mensagens sobre sexo. Segundo um dos

Se vivemos em uma época em que os pais passam a maior parte do tempo fora de casa para trabalharem, as crianças ficam à mercê da já renomada "babá eletrônica". É a televisão que educa, pois quando eles chegam em casa cansados, já um dia se passou em que seus filhos assimilaram informações sem qualquer crítica ou mesmo orientação; não houve diálogo acerca do que viram durante o dia.

A ingerência televisiva na vida familiar parece inevitável sem a presença dos que educam. Se a televisão apresenta tantas cenas de violência aos pequenos espectadores, que são incapazes de discernir o que é bom do que é mau, mas que ficam diante da tela, através da qual elas são reiteradas insistentemente e, portanto, banalizadas, não é de se estranhar que a prática de atos violentos passe a ser visto como uma simples brincadeira?

Não se pretende justificar os atos violentos, como os dos jovens de Brasília, dos escolares de Denver (OESP, 1999, p. 3) nos Estados Unidos e outros mais, mas apenas procurar entender atitudes incompatíveis com a concepção de cidadão, que envolve o respeito mútuo que deve ser aprendido desde os primeiros anos de vida e que se propaga em futuras atitudes políticas em nível de convivência entre países. Por exemplo, os princípios da não ingerência e da soberania (o direito que o Estado tem de ter sua própria ordem) foram violados durante a Guerra Fria, e, por isso, reclamados pela União Soviética, cuja proposta foi aprovada pela maioria dos países participantes da ONU, vêm à tona atualmente dentro da micro-organização social, a família, ou dentre aqueles que se responsabilizam pela educação de crianças. Esses princípios precisam ser diversificados e plurais, e não unidirecionados por um meio de comunicação, cujo poder se expande dia a dia e que a finalidade primeira é vender produtos, não ensinar valores.

---

pesquisadores, as cenas eróticas antecipam as cenas de violência ou servem de contexto à violência."

Seria ingênuo, contudo, se situássemos a televisão como a única e principal causa da violência. Embora ela seja um elemento importante para a compreensão do aumento considerável dessa prática, há necessidade de se buscar outras informações que subsidiem o nosso entendimento sobre o assunto. Temos consciência de que, em nosso país, os números do desemprego crescem a todo instante: o número de miseráveis supera os 32 milhões e assim por diante. Enfim, os fatores sociais da violência criminosa, constituem, eles mesmos, violência à condição humana. Por isso, tomemos outra vertente do problema que nos é apresentada, considerando a violência instituída pelo poder e exercida *ad referendum* das massas, que são um fenômeno característico, mas não exclusivo, da era das novas tecnologias de comunicação.

Violência e massas

Conforme Elias Canetti (1986, pp. 11-12):

> Não existe nada que o homem mais tema do que ser tocado pelo desconhecido. Ele quer saber quem o está agarrando; ele o quer reconhecer ou, pelo menos, classificá-lo. O homem sempre evita o contato com o estranho. De noite ou em locais escuros o terror diante do contato inesperado pode converter-se em pânico. Nem mesmo a roupa oferece segurança suficiente; é fácil rasgá-la, é fácil chegar até a carne nua, lisa e indefesa do agredido.

> Todas as distâncias que o homem criou em torno de si surgiram a partir desse temor de ser tocado. As pessoas se fecham em suas casas, nas quais ninguém pode entrar, e somente dentro delas é que elas se sentem relativamente seguras. O medo do ladrão não diz respeito apenas às suas intenções de assalto, mas também a um temor de ser tocado por um ataque repentino e inesperado vindo das trevas. A mão, transformada em garra, sempre volta a ser utilizada como símbolo desse medo. Uma boa parte desse contexto foi incluída no duplo sentido da palavra "agarrar". Tanto o contato mais inofensivo como o ataque mais perigoso estão

> incluídos nesse termo e sempre existe uma certa influ-
> ência do segundo sentido sobre o primeiro. O substantivo
> "agressão" passou a designar unicamente o sentido pejorati-
> vo do termo.

Esse é o modo como esse autor inicia o primeiro capítulo de seu livro, para mostrar que, dentro da massa, os limites que o indivíduo estabelece em torno de si são rompidos – assim que uma pessoa se abandona à massa, ela deixa de temer seu contato –, havendo, portanto, uma inversão de comportamento dentro da massa.

As massas distinguem-se do público, que se constitui de cidadãos participantes da vida da comunidade e capazes de pensar sobre fatos e acontecimentos; distinguem-se também das multidões que são um fenômeno típico da cidade, consequência da Revolução Industrial, e cujas características são a de ambulação, iluminação e ocultamento (ou seja, o anonimato).

As massas, por sua vez, formam-se muitas vezes espontaneamente: indivíduos que se aglomeram, por exemplo, em torno de um incêndio – tendem ao crescimento e à desintegração, quando param de crescer; também possuem uma meta que agrega os indivíduos, mas assim que deixa de existir, elas se dispersam. Dentro da massa, como muito bem observa Canetti (1986), as distâncias entre as pessoas, as hierarquias sociais desaparecem; nela, todos são iguais e reagem da mesma forma. Por exemplo, um jogo de futebol: não importa a posição social dos indivíduos – lá ela se anula –, pois todos se igualam; o indivíduo dentro da massa reage instintivamente e não tem medo de ser tocado. Uma das características da massa é a efemeridade da ação, que só não se esvai quando é repetida no caso dos jogos de futebol e também das religiões, cuja meta está além da vida e renova-se pelo ritual.

Na era das Novas Tecnologias de Comunicação, a abrangência informativa não se restringe a pequenos grupos, mas à volumosa quantidade de indivíduos, que, embora dentro de suas casas, agrupam-se em torno da televisão, um dos meios, cujo processo de comunicação se baseia na difusão, sendo, portanto, unidirecional, não bidirecional, como se supõe que deveria ser em princípio a comunicação. A massa não mais se reúne em um único local; cada um se encontra em um lugar diferente, mas com uma única meta: o meio de comunicação que exerce a cooptação. A ideia de quantidade, uma das características da massa era conhecida dos homens primitivos que, por isso, se preocupavam em impressionar os inimigos em relação à quantidade de guerreiros que possuíam. Para tanto, usavam a dança, cujo ritmo marcado, o que adquire unidade, causa a impressão de um número maior que dissimula a realidade. A unidade marcada pelo ritmo aparenta poder pela ilusão de quantidade numérica.

A massa concentra poder: de crescimento e de destruição. A de perseguição, por exemplo, cuja meta é matar e que tem consciência de quem será morto, persiste em nossos dias, com os linchamentos, os grupos de extermínio, e "não há nenhuma que a supere em intensidade", pois "todos querem participar dela, todos golpeiam. Para poder desferir o seu golpe, cada um se aproxima o mais possível da vítima" (CANETTI, 1986, p. 50).

Esse fato representa a ameaça de morte que paira sobre cada um dos componentes da massa e deriva na morte para o outro, o que desfaz a ameaça sobre cada componente da massa. Segundo Canetti, a massa de perseguição é muito antiga, pois remonta à malta de caça (unidade dinâmica mais primitiva que se conhece). Dentre os tipos de morte que são impostos ao indivíduo há a expulsão: o indivíduo é entregue aos inimigos ou é abandonado e não se pode oferecer-lhe alimento, o que pode ser comparado em nossos dias ao exílio a que foram obrigados os ativistas políticos no Brasil, por exemplo, durante a ditadura iniciada em 1964.

O outro tipo é matar coletivamente: o condenado é apedrejado por todos, ninguém assume o papel de executor; a morte pelo fogo que substitui a massa; o fuzilamento, no qual a sociedade delega aos soldados, o poder de execução; o enterramento de homens em formigueiros (prática conhecida da África) – quando as formigas ocupam o lugar dos homens; ainda temos o condenado que é expiado coletivamente em caso de enforcamento; mesmo no caso da crucifixão de Cristo, a decisão sobre a morte parte da massa que assiste a execução. Na Idade Média, as execuções eram realizadas de modo lento e solene e, em tempos de revolução, a massa impunha ao verdugo que lhe mostrasse a cabeça da vítima, banida do convívio social pela morte e quanto mais poderosa ela tenha sido, maior a satisfação da massa.

Em meio à constatação dos fatos, Canetti limita sua afirmação:

> A aversão de matar coletivamente é de data muito recente. Ainda hoje todos participam das execuções públicas pelos jornais. A diferença é que assim tudo é mais cômodo. Pode-se ficar tranquilamente instalado em sua própria casa e, entre cem detalhes relatados, pode-se gastar mais tempo com os que nos excitam de maneira especial. Quando tudo termina, o prazer não é estragado pelo mais leve vestígio de culpa. (1986, p. 54)

A verdade dessa afirmação sustenta-se em fatos recentes veiculados pelos jornais impressos e televisivos. Por exemplo, por ocasião da captura do Maníaco do Parque,[19] a quem foram atribuídos inúmeros estupros seguidos de assassinato, fato cuja divulgação alarmou a população que se eximiu (como sempre) de quaisquer responsabilidades sobre as causas do comportamento criminoso. E concordando com o autor, não foi preciso ficar de pé durante horas para observar e condenar o réu e nem exigir que se lhe mostrasse a cabeça. A massa hoje é mais estável, porque não se desintegra após a execução. As tecnologias atenuam-lhe o comportamento, tornando-o menos abominável, menos culposo, pois conta com a distância e a repetição do fato e a rápida mudança

---

19 O caso do Maníaco do Parque foi amplamente divulgado pelas mídias no Brasil. Ele foi procurado e capturado pela polícia por ter estuprado e assassinado cerca de doze mulheres, e condenado a 121 anos de prisão (informação divulgada pela TV Globo, jornal Bom Dia Brasil, dia 30/9/1999).

para notícias novas que nos fazem massa de perseguição, mas excessivamente conformada com os acontecimentos.

Esse é o tipo de violência corroborado socialmente; todos desejam ver o réu banido da sociedade, ou mesmo aprovam sua exclusão por meio da morte, o que faz com que todos sejam idênticos ao assassino, porque a punição se realiza com o referendo; há uma autorização implícita para que se mate quem matou, ou que seja punido o que violou a ordem instituída que é legitimada pela massa. A ânsia de vingança em relação à vítima nega o princípio da civilização cristã da qual fazemos parte e retoma a pena de talião, "pela qual se vingava o delito, infringindo ao delinquente o mesmo dano ou mal que praticara".[20] Violência por violência – "olho por olho, dente por dente" – coíbe a consecução da finalidade da pena no Brasil, que se fundamenta na ressocialização do condenado.[21]

A violência referendada pelas instituições

Procurando uma definição abrangente para violência, Michaud afirma que:

> Há violência quando, numa situação de interação, um ou vários autores agem de maneira direta ou indireta, maciça ou esparsa, causando danos a uma ou várias pessoas em graus variáveis, seja em sua integridade física, seja em sua integridade moral, em suas posses, ou em suas participações simbólicas e culturais. (1989, pp. 10-11)

Como o próprio autor pretende, essa concepção dá conta tanto da violência ao cidadão individualmente, quanto das responsabilidades das instituições, dentre as quais se encontram as que são geridas pelo Estado, como as guerras, quando as

---

20 Conforme o *Novo Dicionário Aurélio da Língua Portuguesa*: 2ª ed., p. 1299.

21 De acordo com Dias da Silva, Sílvio Arthur, "A Finalidade da Pena" no jornal *Correio Popular*, 26/9/1997, p. 4. "O Código Penal Brasileiro, cuja Parte Geral é de 1984, tendo entrado em vigor em 1985, desenganadamente demonstra que se busca com a imposição da pena também a ressocialização do condenado..."

responsabilidades se diluem, porque indiretas (não são atribuídas a uma única pessoa); ou a fome, quando as instituições, estatais ou não, favorecem condições de subnutrição que levam as pessoas até a morte; ou o cerceamento do indivíduo ao trabalho, pelo desemprego ou outro meio (proibições profissionais, restrições ao pleno exercício profissional etc.). Diferencia, assim, estados de violência como a guerra, a fome, entre outros, dos atos de violência que atingem as pessoas individualmente, não somente com danos físicos, mas também psíquicos e morais, danos aos bens, ao próximo ou à cultura, pois ninguém se limita somente à individualidade física. Dos estados de violência com os quais convivemos no século XX, sem dúvida alguma, situam-se as guerras. O mesmo autor (MICHAUD, 1989) cita que, em nove países europeus houve 9 milhões vítimas na Primeira Guerra Mundial e 15 milhões na Segunda Guerra Mundial.

As guerras são o terceiro tipo de massas duplas.[22] Se duas massas se defrontam, pretende-se ser a maior massa de vivos, pois se tem como objetivo a vitória. Mas, além de inimigos mortos, pode-se também fazer escravos. Nessa situação, a morte deixa de ser individual para ser coletiva e/ou plural; as pessoas não são contadas uma a uma e perdem a identidade – soldado desconhecido –, mas são contadas como quantidade de mortos. O que faz com que haja a ideia de coesão em uma nação ou povo, para que participe como tal de uma guerra, é a rígida relação com determinado símbolo da massa que é o mais importante para a nação à qual se pertence – é o sentimento nacional. Mas esse fator de unidade ultrapassa os limites das fronteiras, podendo confundir-se com a religião e com a raça, assim como com as ideologias de sustentação dos sistemas socioeconômicos, como, por exemplo, a Guerra Fria que dividiu o mundo em

---

22 CANETTI, Elias. *Massa e poder*, 1986, pp. 67-72. Para o autor o único meio de conservar a massa é a existência de uma outra com a qual aquela possa se comparar. O primeiro tipo de massa dupla é de homens e mulheres; o segundo é a dos vivos e a dos mortos.

dois hemisférios: o Ocidente, quase totalmente capitalista e o Oriente, com predomínio socialista.

A guerra sempre implica a violência massiva, promovida pelo poder instituído. Pelo número de mortos registrados, durante as duas grandes guerras do nosso século, observa-se que, com o avanço tecnológico, elas se tornam ironicamente mais eficazes quanto ao número de mortes civis em contraposição ao de militares: com a evolução mecânica do tanque e do avião e de todas as armas, elas estendem-se a todo espaço. Michaud afirma que "os combatentes da guerra de 1870 terminaram com o mesmo fuzil, mas não os da Segunda Guerra Mundial" (1989, p. 21); com a tecnologia da informação, armas químicas e nucleares, durante a Guerra Fria, ao lado da corrida armamentista, houve as guerras subversivas sob a constante tensão mundial e contínuas batalhas diplomáticas pela dissuasão nuclear. Se a Segunda Guerra conseguiu eliminar 15 milhões de pessoas pela morte, o que se pode pensar atualmente com a evolução da tecnologia eletrônica e da informação nas comunicações, que inicia uma Nova Ordem Mundial, com a automatização dos processos que garantem as possibilidades de devastação e de neutralização do inimigo?

A importância das Novas Tecnologias de Comunicação e seu uso pelo Estado, como manipulação de poder, visa ao apoio que a massa televisiva deve conferir aos deflagradores da violência bélica. Se compararmos a Guerra do Vietnã, na década de 1960, cujas atrocidades mais diversas: os massacres, uso de armas químicas; foram divulgadas pela TV, o que permitiu a reação da população americana por meio de manifestações das mais variadas, obrigando os Estados Unidos a determinarem o fim da guerra em 1975, com a vitória dos vietcongues.[23] Já com a Guerra do Golfo Pérsico, em 1991, vê-se que a guerra eletrônica se distingue de todas as anteriores.

---

23 Conforme o *Novo Dicionário Aurélio da Língua Portuguesa* (2ª ed.) – vietcongue: abreviatura do vietnamita (Viet Nam Cong Sam) "vietnamita comunista" – designação dada pelos vietnamitas do sul aos membros da Frente Nacional de Libertação, organização ligada ao governo de Hanói (Vietnã do Norte).

Mesmo durante os quarenta e cinco anos da Guerra Fria: diferente da guerra quente que se faz com material bélico destrutivo – em cento e vinte e cinco conflitos no mundo, morreram 22 milhões de pessoas. Segundo Paul Virilio, há três períodos de guerra real: o período tático e pré-histórico, com tumultos e afrontamentos restritos, em que acontece a guerra de campo; o período estratégico, histórico e puramente político, quando ocorre a guerra de movimento; e, por último, a época logística contemporânea e transpolítica, quando a ciência e a indústria representam um papel determinante no poder destruidor das forças armadas presentes e cuja característica principal é a guerra relâmpago e totalitária. A eles correlacionados três tipos de armas que se sucederam: as armas de obstrução (fossos, muralhas, fortalezas etc.); as armas de destruição (lanças, arcos, canhões, metralhadoras, mísseis etc.); e as armas de comunicação (torres de sinalização, vetores de informação e transporte, telégrafo óptico, radiotelefonia, radares e satélites, entre outros) (VIRILIO, 1991, p. 18).

Para cada tipo de guerra, havia um modo de dissuasão específico: a cidade cercada pela fortificação impedia durante muito tempo o ataque inimigo, até que se inventou a artilharia capaz de derrubar as muralhas; a guerra de movimento teve seu limite com a aviação de bombardeios estratégicos equipada com bombas atômicas (a dissuasão nuclear entre Ocidente e Oriente prevaleceu durante a Guerra Fria); hoje, as máquinas de guerra são teleguiadas e, portanto, controladas à distância. O poder de destruição deslocou-se das mãos dos soldados para os sistemas de armas. A partir da Guerra do Golfo, segundo Virilio, a tela de TV tornou-se o campo de batalha; o referendo das massas televisivas foi quase totalmente irrestrito, porque a finalidade da guerra é justificada pelos *media*, que se tornam veículos de reiteração de atitudes totalitárias do Estado por meio de imagens de televisão. A violência existiu, mas não foi mostrada, dando-nos a ilusão de ausência de vítimas, pois a violência foi mascarada pelos efeitos luminosos que apareciam na tela como sendo *scuds* e *patriots* aos quais não se podiam opor reações. O tempo real não foi levado em conta, mas o tempo virtual; apenas a televisão importava, porque aos jornalistas foram cerceadas as informações reais, o "ao vivo" foi substituído pela ubiquidade (estar em todos os lugares simultaneamente), pela instantaneidade, pelo imediatismo, pela omnivisão e pela onipresença (VIRILIO, 1991, p. 70).

O controle do poder pela manipulação da tecnologia de comunicação adquire maior força em nossa época, porque cerceia o espaço da crítica e do diálogo, baseando-se apenas em uma única mão de direção, uniformizando a pluralidade e a diversidade de pensamento as quais são importantes fundamentos da democracia. Vivemos mais um período de violência impingida pelo totalitarismo eletrônico, que dirige nosso comportamento para reações uniformes e impensadas, massivas, que cerceiam indiretamente nossos direitos e liberdades, impedindo-nos de pensar e reagir civilizadamente face às violências individuais (os crimes) e às massivas como as guerras, porque o controle funciona como a muralha do conformismo pelo condicionamento da passividade coletiva.

O controle das mentes é tão eficiente que não há reação política diante dos massacres decorrentes da violência gerada pelo poder instituído. A paz não é uma responsabilidade das autoridades ou só de um país, como os Estados Unidos, que se proclamam insistentemente "os guardiães da paz" e parece que só assumem a sua função quando as guerras já dizimaram grande parte das populações envolvidas. Por sua vez, os países europeus, que sempre estiveram em aliança com a América, colaborando durante décadas com a derrocada do bloco socialista, quando conseguiram seu intento, esqueceram-se das responsabilidades político-econômico-sociais de colaborarem com a reestruturação dos países que de lá emergiram. Parece que isso só foi lembrado depois de milhares de albaneses terem sofrido todo

O PODER DO PODER DA COMUNICAÇÃO

tipo de violência: individual, social e política durante a Guerra do Kosovo. A população de cada país não envolvido no conflito teve uma participação muito limitada em relação à grandiosidade numérica das perdas humanas.

O mesmo acontece com o Timor Leste, que, em dezembro de 1975, depois de ter conseguido de Portugal sua autonomia, já perdera cerca de 200 mil pessoas do total de 1 milhão de habitantes, porque não interessava a nenhum país do Ocidente resolver o conflito com a Indonésia que estava em pleno "milagre econômico". A ocupação do Timor Leste foi o exercício da violência que se configurou pelo cerceamento linguístico: proibiu-se falar a língua portuguesa – e por outras formas de violência que violam os direitos humanos em situações de totalitarismo. Mas a queda das bolsas asiáticas provocou tal reviravolta nas relações comerciais, apesar da ajuda de US$ 71 bilhões que o Banco Mundial e o FMI prepararam para a Indonésia, o pequeníssimo Golias consegue vencer o plebiscito e opta pela sua independência. Durante algum tempo, supôs-se que o exército indonésio ocuparia o Timor Leste, a fim de garantir a paz; hoje, porém, tem-se a certeza de que essa ocupação tinha a intenção de legitimar o domínio político e disseminar os opositores, que agora somam 600 mil timorenses (OESP, 1999, A2) que sobreviveram à violência do regime totalitário da Indonésia.

Contrapondo-se às numerosas manifestações dos portugueses, veiculadas pela televisão portuguesa, a favor do povo irmão, no Brasil, fora as publicações da mídia impressa e rápidas informações televisivas, o povo permanece no ostracismo (temporário?) eximindo-se de tomar posição crítica e civilizada diante da violência, reiterando o conformismo a que aludimos anteriormente, como se somente se pudesse ser levado a uma ação se o controle midiático se lhe impusesse. Diante do 4º maior país do mundo – há 240 milhões de indonésios –, 600 mil timorenses são nada mais, nada menos que sobreviventes que se constituem nação pelo exercício democrático, pela luta em favor da soberania nacional e que, por isso, merecem o respeito do mundo centrado no poder totalitário da tecnologia a serviço do poder econômico.

4

A VOZ DO PODER

nalisa o programa de rádio *A voz do Brasil*, situando-o como expressão da sociedade unidimensional e insere-o na época nazifascista, cujo ponto principal foi a descoberta da comunicação de massa como sustentação de poder. Observa que também no Brasil desde sua origem teve como função ser a única voz do poder instituído em busca de legitimação. Acrescenta que esse uso ocorreu também nos governos democráticos. Informa que atualmente as emissoras de rádio lutam pela não obrigatoriedade da veiculação desse programa radiofônico e sugere que seja não a voz do poder, mas as diversas vozes do povo brasileiro.

Consonância de vozes

Para que se entenda o programa radiofônico oficial denominado *A voz do Brasil*, é preciso que se ouça primeiramente os ecos dessa voz que provêm do passado. Portanto, como os sons que constituem essa voz não correspondem aos de uma interlocução, mas a uma fala unidimensional,[24] é importante conhecer o contexto sociopolítico em que ela foi produzida.

---

24 Optamos pela concepção de *sociedade unidimensional* proposta por Marcuse, ou seja, aquela em que não há oposição e no qual os conflitos e antagonismos são dissimulados na identidade social. Conforme aprendido em Olgária C.F. Matos *A escola de Frankfurt*, p. 54 em diante.

O PODER DO PODER DA COMUNICAÇÃO

Após a Primeira Guerra Mundial, em 1919,

> começaram na Inglaterra e nos Estados Unidos as primeiras experiências de radiodifusão para transmitir apenas cantos, pequenos recitais e o som de discos gramofônicos. (GIOVANNINI, 1987, p. 184)

Porém, em seguida (1920), esse tipo de comunicação irradiou-se para o grande público. Esse autor aponta que, na Itália, os assinantes da radiodifusão passam de cem mil em 1929, para um milhão e trezentos mil em 1940. Diante desse fato, o regime fascista mostra suas intenções:

> Temos à nossa disposição, o meio mais poderoso de cultura, de moralização, de diversão que existe: falharíamos em cheio na nossa missão se não uníssemos todos os nossos esforços para utilizá-lo da melhor maneira possível. Mas ao mesmo tempo é preciso criar uma consciência radiofônica na Itália, é necessário fazer uma grande propaganda... O público não deve ser apenas informado, também deve ser persuadido. (GIOVANNINI, 1987, p. 285)

O Nazismo alemão também já havia feito sua escolha pela rádio como veículo privilegiado. Joseph Goebbels, nomeado ministro da Informação e Propaganda do governo e empossado em março de 1933, foi responsável pela organização da propaganda ideológica nazista, a qual abrangeu as artes, literatura, cinema, rádio etc. Caminhando na mesma diretriz fascista, declarou:

> Com rádio destruímos o espírito de rebelião. A rádio deve ser propaganda. E propaganda significa combater em todos os campos de batalha do espírito, gerar, multiplicar, destruir, exterminar, construir e abater. A nossa propaganda é inspirada naquilo que chamamos raça, sangue e nação alemães. (GIOVANNINI, 1987, pp. 185-186)

A importância da rádio como meio de propaganda ideológica, no sentido de conseguir a adesão das massas à causa nacional, dependeu de dois fatores: da representatividade e da legitimação. Mesmo que o regime seja totalitário, portanto, pode não possuir representatividade pelo sufrágio, precisa da persuasão para se tornar legítimo diante da maioria da população; no caso do regime democrático, sabe-se que a representatividade exige a contínua legitimação numérica, para que o poder se mantenha em exercício. Fazia-se necessário, então, no início do século XX, não perder os números que elegeram os representantes das causas fascista e nazista.

Benito Mussolini esteve sempre ciente da importância da propaganda: "A propaganda é a minha melhor arma!" (*apud* VIRILIO, 1993, p. 126). Principalmente ele que depois de uma grande campanha foi eleito em 1924 com a maioria de quatro milhões de votos contra dois milhões e meio da oposição, compreendida por socialistas, católicos e liberais. As consequências de seus atos foram: a censura da imprensa e a presença de atentados políticos que levaram a Itália à concepção de poder totalitário, em que o partido fascista confundia-se com o próprio Estado. O mesmo aconteceu em 1933, na Alemanha, quando o Partido Nacional Socialista conseguiu o poder: Hitler, em sua obra *Mein Kampf* refere-se a rádio: "É uma arma terrível nas mãos daqueles que sabem fazer uso dela" (*apud* PEROSA, 1995, p. 26).

Não era apenas a veiculação de informações pela rádio, mas a propaganda ideológica que representava uma opção política, no sentido de controle da opinião, visto que a escolha da rádio como meio, dado o seu caráter de mídia irradiada, colocava em questão o conceito de verdade, uma vez que toda a informação deveria ser repetida para que adquirisse o caráter de verdade mesmo que não o fosse.

Merton e Lazarsfeld, conforme Morán (1981, p. 78), definem três características como fundamentais para uma política eficiente de comunicação:

1) Monopolização: pouca oposição aos meios de comunicação oficiais, dentro de uma estrutura política autoritária que centraliza a contrainformação;

2) Canalização: trabalhar na direção dos valores e atitudes subjacentes na população, acentuando as situações psicológicas mais simples. É difícil, a curto prazo, mudar atitudes preexistentes;

3) Suplementação: os meios de comunicação não podem esquecer o contato direto com a população.

Foram exatamente essas três características adotadas pelo Nazismo, representado por Joseph Goebbels, quando em 1933 assume na Alemanha o Ministério da Informação e da Propaganda, que reconhece como eficiente meio de propaganda o cinema: "[...] é um dos meios mais modernos e científicos para agir sobre as massas. Não pode ser abandonado a seu próprio destino" (MELO, 1981, p. 79).

Com o nazismo no poder, o controle da rádio torna-se mais efetivo: é preciso pertencer ao partido para trabalhar nas emissoras, o Ministério da Informação e Propaganda seleciona os locutores, incentiva a distribuição de aparelhos de rádio, promove doações ou vendas a preços baixos, todos os lugares públicos, restaurantes e cafés são obrigados a terem aparelhos. A rádio repete lemas e ordens do partido nazista e os discursos de seus líderes são divulgados em horário de trabalho e por meio de alto-falantes em praças e lugares movimentados.

A canalização da informação procura fazer com que ela atenda às expectativas da população; os temas são adequados ao momento atual e, quando interessa, o governo deforma as informações. A comunicação ocupa todos os espaços, para que um meio suplemente o outro, logo há a suplementação no sentido de que a propaganda, além do cinema, da rádio, utilize-se também de cartazes, símbolos como a suástica (no caso do nazismo) e outros meios.

Sem dúvida alguma, o poder tinha consciência do grande número de pessoas que não tinham acesso à leitura da mídia impressa, não apenas devido ao poder aquisitivo, mas por causa do analfabetismo. A radiodifusão dispensa o acesso às letras, propiciando a pseudoparticipação política ou favorecendo a manipulação. Como a fala, que é produzida e recebida pelo próprio corpo humano; a rádio também é sonoro-auditiva, estabelecendo uma relação inclusiva[25] com o receptor. Vale ressaltar, porém, que esse meio de comunicação nem sempre esteve apenas ao lado do poder, pois se tornou muitas vezes veículo de resistência ao fascismo e ao nazismo. Além disso, em nosso mundo, em que o número de analfabetos é muito grande (cerca de 30 milhões), também atuou em lutas contra o controle ideológico.

No Brasil, na mesma época, começo do século XX, em 1927, a política da República Velha tinha como presidente: Washington Luís, cujo governo possuía aparente tranquilidade, mas foi marcado pela Crise de 1929, com suas consequências econômicas, dentre as quais a crise do café. Ele já colocara em vigor em 1927 a Lei Celerada, que censurava a imprensa e restringia o direito de reunião aos tenentes e aos operários. Assim, no país já se reconhecia o poder dos meios de comunicação de massa e sua importância como controle ideológico para sustentação do poder.

Em 1930 surge a questão sucessória, quando Washington Luís, ao contrário do que se esperava da política café com leite, um sucessor mineiro, veio a apoiar a candidatura do paulista Júlio Prestes, a fim de garantir a continuidade das práticas de proteção ao café. Era hábito das oligarquias rurais revezarem-se no poder, mas diante desse fato, a política mineira viu-se frustrada, buscando apoio no Rio Grande do Sul. Essa união gerou a Aliança Liberal, que lançou como candidato a presidente do Brasil, Getúlio Vargas (gaúcho), cuja campanha se baseou na necessidade

---

25 Conforme McLuhan, em: *Os meios de comunicação como extensões do homem*, inclusivo é o processo de comunicação que evidencia e abrange emissor e receptor, como na aldeia primitiva, diferente da escrita, por exemplo, de cujo processo o emissor torna-se ausente.

O PODER DO PODER DA COMUNICAÇÃO

de reformas políticas: instituição do voto secreto, anistia política, criação de leis trabalhistas que regulamentassem a jornada de trabalho e outras com vistas à assistência ao trabalhador.

Porém, nas eleições de 1º de março de 1930, Júlio Prestes venceu, gerando inconformismo dos velhos líderes gaúchos e políticos emergentes. O assassinato de João Pessoa foi a gota d'água que fez desencadear, em 3 de outubro, a revolução que culminou na deposição de Washington Luís pelos militares (generais) e a imposição de Getúlio Vargas, líder do movimento, que assumiu a chefia do governo provisório. Vargas adota, como estratégia de governo, o Populismo: movimento que surge em época de crise, quando o governo necessita do apoio da população para o reerguimento econômico do país e para sua manutenção no poder.

O nazifascismo instituiu-se pela representatividade do voto, mas lançou mão dos meios de comunicação para que fosse legitimada sua permanência no poder; no Brasil, como não houve eleições que apoiassem o presidente imposto pelas oligarquias, a propaganda tornou-se de importância fundamental para a legitimação do poder, que só se torna legítimo quando conta com o apoio da maioria do povo. Como no Brasil Vargas não foi eleito democraticamente, seria conveniente encontrar outros meios que tornassem seu governo legítimo. Como na Itália e na Alemanha, o populismo varguista também lançou mão da propaganda.

Nesse contexto, "a rádio se revelou como veículo de mudanças nas relações de poder" (PEROSA, 1995, p. 30) e, em 1º de março de 1931, o decreto n. 21.111 legaliza a publicidade veiculada pela rádio, que era anteriormente apenas um meio educativo com transmissão de música erudita, palestras etc. Estabelece-se profunda semelhança entre o uso da comunicação pelo nazifascismo e pelo populismo getulista.

A voz unissonante

Getúlio Vargas (1883-1954), em 3/11/1930, proclamou: "Assumo provisoriamente o Governo da República como delegado da Revolução, em nome do Exército, da Marinha e do povo brasileiro". Em seguida, designou interventores para os Estados (com exceção de Minas Gerais), que os governassem mediante leis novas emanadas do poder pessoal. A constituição fora extinta em 24 de fevereiro de 1930. Apesar da ditadura, procurou atender a uma das reivindicações sociais: criou o Ministério do Trabalho, que foi confiado a Lindolfo Collor.

Como Getúlio Vargas não contou com a força das urnas para ocupar o cargo, não possuía representatividade, pois assumia o governo imposto pelas oligarquias rurais de Minas Gerais e Rio Grande do Sul. Por isso, em 1931, seu governo preocupou-se com a rádio, que era definida até aquele momento como serviço de interesse nacional e de finalidade educativa, regulamentando o seu funcionamento e passando a imaginar maneiras de proporcionar-lhe bases econômicas mais sólidas. Em vista disso, foi baixado o Decreto-Lei n. 21.111, de 1º de março de 1932, assinado pelo presidente que autorizava a veiculação de publicidade e propaganda pelo rádio. A introdução de mensagens publicitárias provocou uma verdadeira metamorfose, pois havia sido um meio erudito, instrutivo e cultural e a medida transformava-o em órgão popular de lazer e diversão.[26]

Desde 1922, quando a rádio surgiu no Brasil, as constituições brasileiras reafirmam à competência da União a exploração dos serviços de comunicação.

> A rádio sempre foi utilizada pelo governo, no sentido de divulgar suas obras e realizações, campanhas políticas, através de censuras de fatos, notícias e *scripts*, além das mensagens publicitárias reforçadoras da imagem e do poder vigente. (MELO, 1981, p. 126)

---

26 Não conquistou, porém, o Estado de São Paulo e preferiu indicar como interventor desse estado o Capitão João Alberto, jovem militar, que pertencera à coluna revolucionária de 1924. Esse fato gerou a Revolução Constitucionalista.

O PODER DO PODER DA COMUNICAÇÃO

Por esse motivo, em 1931, um decreto reserva ao Estado o direito de conceder os serviços de comunicação às empresas particulares por um período determinado. Nesse momento, outro decreto libera a exploração comercial, o que aproxima as relações dos meios de comunicação com o Estado e as empresas privadas. Noam Chomsky comenta essa relação:

> Os maiores órgãos de imprensa são empresas enormes que integram conglomerados ainda maiores. São estreitamente integrados com o nexo Estado-Privado que domina a vida econômica e política. Como outras empresas, vendem um produto a um mercado. Seu mercado é composto por outras empresas (anunciantes). O "produto" que vendem é a audiência; no caso da mídia de elite, que estabelece a agenda para as outras, são audiência privilegiada. Uma pessoa racional poderia esperar que tais instituições montassem um quadro do mundo que refletisse os interesses dos vendedores, o mercado e (para as mídias de elite) a audiência/produto.[27]

Assim, o Estado além de se aproximar das empresas privadas por meio das concessões de emissoras, tendo legalizado a publicidade, também pela rádio associa-se aos interesses das empresas, porque dependem da audiência cujos indivíduos devem ser persuadidos a comprar os produtos veiculados. Formou-se um círculo vicioso que mostra a impossibilidade de a mídia permanecer imparcial diante dessa situação, porque não conseguiria sobreviver. A rádio transformou-se em instrumento de propaganda não só comercial, mas também política e ideológica, pois dentro desse círculo também é necessário "vender" o produto ideológico do Estado, em função da sustentação do poder.

Por essa razão, na década de 1930, Getúlio Vargas criou a *Hora do Brasil*, que reunia em torno do aparelho de rádio as famílias brasileiras, entre 19 e 20 horas, para ouvirem o programa que fazia propaganda das realizações do governo. A primeira

---

27 CHOMSKY, Noam. "A privatização da democracia" (examina os usos políticos da informação) em: *Folha de S. Paulo*, Caderno Mais!, 9/3/1997, pp. 5-10.

edição do programa aconteceu no dia 25 de julho de 1936, com a locução de Luiz Jatobá. Desde 1938, a transmissão do programa em rede nacional, por todas as emissoras de rádio do país, tornou-se obrigatória.

A rádio foi o veículo mais eficiente para propaganda política, cujo objetivo era conseguir a unidade nacional, porque é um meio que atinge populações distantes. Esse fato era alardeado pelo DIP (Departamento de Imprensa e Propaganda), que "descrevia a praça central de muitas cidades do interior apinhadas de populares à espera do locutor da *Hora do Brasil*" (MELO, 1981, p. 89).

Nem sempre, porém, como já foi citado, a rádio atendeu ao exercício de poder. No Brasil, o exemplo marcante ocorre quando o locutor César Ladeira se torna famoso por transmitir o noticiário da Revolução de 1932. Depois desse fato, o Estado Novo iria precaver-se com a criação, por Getúlio Vargas, do DIP, em 27/12/1939, sob o qual a imprensa ficaria submetida à rigorosa censura. O jornal *O Estado de São Paulo* fica sob intervenção, de 1940 a 1945. Em 1940, o controle da informação é feito pelo Estado a 78 emissoras de rádio (PEROSA, 1995, p. 43):

Censurados	Programas proibidos
3770 programas	108
1615 esquetes	
483 peças	
2416 gravações	

Nesse contexto, a propaganda divulga uma suposta unanimidade em torno do governo[28], correspondendo ao controle de 60% das matérias dos jornais, que eram fornecidas pelo DIP, por meio da Agência Nacional. O próprio ato de criação do DIP tinha por finalidade

---

28   FARO, J.S. A comunicação populista no Brasil: o DIP e a SECOM, em: José Marques de Melo, *Populismo e comunicação*, 1981, p. 88.

> fazer censura ao teatro, cinema, radiodifusão, imprensa, além de censurar, organizar, patrocinar festas populares com intuito patriótico, educativo ou de propaganda turística. (MELO, 1981, p. 88)

Nesse momento, o programa radiofônico *Hora do Brasil*, com mensagens governamentais, passa a ser apresentado diariamente, tendo como tema para a abertura, *O Guarani*, de Carlos Gomes.

Sabe-se, contudo, que não unicamente a rádio foi usada para o poder se tornar legítimo, mas toda uma estrutura político-ideológica foi planejada, a fim de promover a aproximação do povo ao governo. O discurso trabalhista era expresso pelo presidente Getúlio Vargas e, muitas vezes, veiculado pelo programa *Hora do Brasil*. O início de todos os pronunciamentos dirigidos ao povo era marcado com o vocativo: trabalhadores do Brasil! Não eram apenas as oligarquias rurais, que haviam se desentendido durante a vigência da política café com leite, mas a grande massa urbana de operários, dentre os quais os imigrantes italianos, detentores de determinada consciência política, que se organizavam em sindicatos e se opunham à política vigente. Logo, o governo getulista preocupou-se em fazer concessões aos trabalhadores urbanos: além da criação do Ministério do Trabalho e da homologação da CLT, o reconhecimento dos sindicatos construiu um dos fortes alicerces do populismo getulista. Para tanto, o discurso sempre conclamava os trabalhadores a permanecerem dentro da estrutura da ordem do trabalho em função do progresso social e do desenvolvimento econômico.

A intervenção do Estado nos meios de comunicação tem por objetivo o seu aperfeiçoamento, que ocorre em proporção direta ao fechamento institucional. Como bem fizeram Mussolini e Hitler, repete-se no Brasil a estratégia de o Estado em crise buscar formas para sua legitimação.

A mesma voz na democracia

À deposição de Getúlio Vargas em 1945, acrescentou-se o cerco ao DIP pela polícia do Exército, quando os funcionários foram presos. Ao fim de 1944, a voz da censura começou a tornar-se afônica, pois várias manifestações em favor da democracia começaram a ecoar: manifesto dos políticos liberais mineiros, do Congresso Brasileiro de Escritores e declarações no *Correio da Manhã*, do ex-aliado de Getúlio, José Américo de Almeida criticavam o Estado Novo e reivindicavam a convocação de eleições, conforme o Ato Adicional da Constituição. A crise econômica, consequência da Segunda Guerra, colaborou para o enrouquecimento da voz do poder.

O presidente eleito Eurico Gaspar Dutra (1946-1951), pressionado para extinguir o programa *Hora do Brasil*, esquivou-se prometendo fazer algumas alterações, porque também reconheceu sua importância política. Assim, em 6 de setembro de 1946, com o decreto n. 9788 o programa passou a denominar-se *A voz do Brasil*. O DNI (Departamento Nacional de Informações), sucessor do DIP, até essa data, foi substituído pela Agência Nacional, que era anteriormente apenas uma divisão do DNI. Durante o período da Constituinte, o PCB (Partido Comunista Brasileiro) teve o direito, que foi cassado em seguida (em 1947), de expressar-se no programa *A voz do Brasil*.

Getúlio Vargas retorna ao poder, eleito em 3 de outubro de 1950, por meio de uma coligação partidária (PTB, PSD e PSP), quando hasteou a bandeira "O petróleo é nosso!". Nesse período, retoma sua política de reaproximação com as massas, utilizando novamente como meio de divulgação o programa *A voz do Brasil*, que divulgou ao povo brasileiro seu pronunciamento que enfatiza:

> A substituição das clientelas políticas por quadros de líderes que tivessem a compreensão e a confiança das massas e declarava sua preocupação com a democracia econômica e

> social, através da proteção ao trabalhador e da melhoria das
> condições de vida dos humildes.[29] (PEROSA, 1995, p. 64)

Da mesma forma, o programa de rádio oficial divulgou a Carta Testamento de Getúlio Vargas, que cometeu suicídio, no dia 24 de agosto de 1954.

Essa mesma voz foi continuamente ampliada pela transmissão radiofônica durante os governos subsequentes: Café Filho, sucessor de Vargas; Juscelino Kubitschek (1956-1960), em cujo governo *A voz do Brasil* teve a oportunidade de cobrir, em 1960, a inauguração de Brasília; a visita do presidente Eisenhower ao Brasil e o rompimento do governo brasileiro com o FMI (Fundo Monetário Internacional). Em 1961, teve a oportunidade de veicular a cruzada moralizadora do presidente Jânio Quadros, que tendo como emblema a vassoura, proibiu as brigas de galo, os desfiles de misses com maiôs cavados nos concursos de beleza e o uso do lança-perfumes nos bailes de carnaval, também foi a voz da renúncia do presidente eleito, que havia reatado relações com o FMI.

O programa radiofônico que fora ao ar com o nome de *Hora do Brasil*, nos primeiros 25 anos divulgava apenas os atos do Poder Executivo, mas, a partir de 1962, o Congresso Nacional passou a integrar o noticiário. Nesse mesmo ano, o programa ficou sob a responsabilidade da EBN (Empresa Brasileira de Notícias), que foi substituída em 1988 pela Radiobrás. Atualmente, é gerado ao vivo para todo o Brasil, a partir dos estúdios da Rádio Nacional de Brasília, em 980khz.

Outra vez, a voz da ditadura

Depois de muitos anos de uso dos *media* para exercício de poder, a voz de Mussolini declarando que a propaganda era sua melhor arma tinha caráter permanente e continuava muito distante da fluidez da fala. Por isso, a preparação para o Golpe Militar, em

---

29 *Cf.* Citação 75, em: PEROSA, 1995.

1962, teve como suporte o IPES (Instituto de Pesquisas e Estudos Sociais), que contava com o GLC (Grupo de Levantamento da Conjuntura), que levantava informações nos campos político e social, e estabelecia os objetivos do IPES sob o comando do General Golbery.

O GOP (Grupo de Opinião Pública) era responsável pela disseminação dos objetivos e atividades do IPES por meio da imprensa falada e escrita, levando à opinião pública os resultados de sua pesquisa e estudos. A função do grupo era a manipulação da opinião pública por todos os meios.

> Através da mídia audiovisual organizava um extraordinário bombardeio ideológico e político contra o Executivo. Procurava também moldar opiniões dentro das Forças Armadas, infundindo o senso de iminente destruição da "hierarquia, instituições e da nação" e estimulando uma reação quase histérica das classes médias que, por sua vez, fortaleciam a racionalização militar para a intervenção. (DREIFUSS, 1981, pp. 244-255)

Pretendia-se a implantação da ideologia nacional reformista junto às classes trabalhadoras. Mas a estrutura social e econômica continuou inalterada em relação à concentração de rendas e à artimanha da participação abstrata das massas na vida política do país, orquestrada pela imprensa, rádio, televisão, cinema, *outdoor*.

No retorno do país ao Estado de Exceção, em 1964, criou-se a SECOM (Secretaria de Comunicação Social), com *status* de ministério e com verbas polpudas à disposição, uma vez que, desses organismos de propaganda, se esperava o milagre de convencer a população nacional a apoiar o atual governo. Correspondia à tentativa do general João Batista Figueiredo de reeditar o papel que o DIP havia exercido. Preocupava-se o regime em "assegurar, através de ampla campanha publicitária, o respaldo social que o regime pós-64 veio perdendo", à medida que assumia formas autoritárias de controle político.[30]

---

30 FARO, J.S. A comunicação populista no Brasil: o DIP e a SECOM, em: MELO, José Marques de, (Coord.). *Populismo e comunicação*, p. 90.

Durante o governo do presidente Costa e Silva, o segundo governante da Ditadura Militar, *A voz do Brasil* anunciou o Ato Institucional n. 5, no dia 13 de dezembro de 1968. Ao final do programa, o ministro da Justiça fez um pronunciamento informando que o presidente da República e o Conselho de Segurança Nacional haviam baixado o AI 5, cuja finalidade era

> preservar a Revolução de março de 1964, a fim de sanear o clima de intranquilidade que gera a desconfiança, o desconforto, e procura qualquer forma de atingir o regime que precisamos defender [...].[31]

Foi também o programa oficial, *A voz do Brasil*, que divulgou a primeira lista de cassações, que continha cem nomes. Os meios de comunicação integravam-se na sociedade politicamente unidimensional e, como na época de Vargas a censura foi ferrenha, a imprensa não podia nem divulgar os nomes do ex-presidente Juscelino e do cardeal Helder Câmara. Outras proibições referiam-se à divulgação de informes sobre a abertura política ou democratização; anistia de cassados; críticas, comentários etc. sobre a situação econômico-financeira; problemas sucessórios; qualquer notícia sobre a Anistia Internacional que abordasse problemas brasileiros (PEROSA, 1995, p. 111).

Em janeiro de 1975, o governo Geisel criou a Assessoria de Imprensa e Relações Públicas como o órgão mais importante de comunicação social do Executivo; em 1979, Figueiredo criou a SECOM, que atuara nos governos anteriores, promovendo a propaganda política pela mídia. Mas, publicado em fevereiro de 1979 (governo Figueiredo) o documento: "Bases para uma política de comunicação social no Governo João Batista Figueiredo", propunha a transparência dos atos políticos do governo e reivindicava o direito, dado aos comunicadores sociais, de motivarem o povo, para que participasse da solução dos problemas

---

31 PEROSA, Lílian M.F. de Lima. *A hora do clique*, (1995, p. 107). A autora cita um disco com 50 minutos de *Nosso século*. Rio de Janeiro, Tapecar Gravações, 1980.

nacionais. Dentro desse espírito de pretensa abertura, foi criada em maio de 1979 a lei n. 6.650, a EBN (Empresa Brasileira de Notícias), que substituía a Agência Nacional. Continuava, porém, a centralizar as informações e distribuí-las aos meios de comunicação, sendo ainda responsável pela convocação de redes nacionais de rádio e televisão e pela elaboração e transmissão do programa *A voz do Brasil* (PEROSA, 1995, p. 123).

Depois do Figueiredo, os anos 1980 foram chamados Era da Persuasão, que esteve em contraste com a década anterior, do governo Médici, marcada pela imposição. Os canais de comunicação foram construídos para serem unidirecionais, a fim de identificarem e absorverem eventuais dissonâncias no seio das organizações populares. As estruturas comunicacionais procuravam atingir as massas, seduzindo-as com uma mensagem cativante e paternalista.

A sociedade unidimensional, de que tratou Marcuse, não se limitou à duração da vigência do Estado Totalitário, mas expandiu-se durante os governos democráticos, ou seja, aqueles cuja eleição se deveu ao sufrágio, que lhes garantiu a representatividade. Depois, essa sociedade permaneceu e ainda permanece, pois populismo e comunicação unem-se com o objetivo de tornar o poder legítimo. Assim, representam uma busca do significado político da comunicação nos processos de manipulação das massas, em governos que anseiam por legitimar projetos reformistas destinados a neutralizar a ascensão hegemônica das classes trabalhadoras.

Vozes do Brasil

Somos propensos a pensar que a Hora do Brasil nunca foi simultânea ao tempo do povo brasileiro, mas foi o momento, quando todos os brasileiros só tinham como alternativa ouvir a voz do governo, que procurava convencê-los de que sempre estava com a razão. Sabe-se que na época de Vargas, 80% dos lares brasileiros possuíam aparelhos receptores de rádio.

O PODER DO PODER DA COMUNICAÇÃO

Na ditadura, *A voz do Brasil*, filtrada pela Agência Nacional e depois pela Radiobrás, embora nunca tenha sido a voz do povo brasileiro, continuava sendo veiculada por cerca de três mil emissoras brasileiras como programação obrigatória.

No entanto, recentemente, uma batalha por via jurídica e um debate acirrado surgiu na internet entre as emissoras radiofônicas contra a obrigatoriedade de retransmissão do programa. Uma campanha liderada pela Rádio Eldorado de São Paulo, com mais oitocentas e cinquenta emissoras, divulgou críticas ao programa, almejando que o poder público tornasse facultativa sua divulgação. Porém, como os políticos não deram atenção, o grupo procurou a OAB (Ordem dos Advogados do Brasil), que acabou desistindo de impetrar uma ação contra essa obrigatoriedade.

A Eldorado, contudo, não desistiu; tendo contratado um advogado, entrou com uma ação e conseguiu uma "tutela antecipada" que lhe favoreceu a intenção. Porém, em março de 1998, a União recorreu dessa decisão e o juiz confirmou a decisão conseguida anteriormente. Em 17 de outubro de 2002, determinou-se pelo TRF (Tribunal Regional Federal) que as rádios de São Paulo "estão obrigadas a manter o programa do governo *A voz do Brasil*", no mesmo horário determinado por lei, porque "traz informações de interesse da população".

Dessa forma, o programa que atendeu aos interesses do poder totalitário está atualmente em questão. O Congresso Nacional pretende modernizar *A voz do Brasil*, cuja programação será distribuída por meio de *spots*, via internet. Contudo, segundo documento da *Uol/Folha Brasil*, apenas setecentas das cerca de três mil estações de rádio teriam capacidade técnica para captar os *spots*.

Diante da polêmica, é necessário que o povo opine a respeito não apenas da programação, mas, sobretudo, a respeito da proveniência da voz. Não seria melhor que o programa adquirisse um formato educativo, promovendo campanhas de prevenção a doenças, educação alimentar, alfabetização, preservação do meio ambiente, divulgação da cultura nacional etc.? Enfim, não seria melhor se *A voz do Brasil* fosse realmente a do povo e não a da elite constitutiva do poder? Se assim fosse possível, o programa poderia ser denominado "Vozes do Brasil", sendo programado por e retransmitido de vários pontos diferentes do país, constituindo, portanto, a pluralidade de vozes divergentes necessárias ao diálogo democrático. A sociedade deve passar a ser pluridimensional, a fim de fazer ecoar pelos meios de comunicação de massa as vozes provenientes de diferentes falares regionais. Isso é democracia!

5

O ESPELHO FRAGMENTADO

E studa o poder americano sob o ponto de vista do narcisismo, focalizando o ataque ao World Trade Center e a Guerra contra o Terror. Enfatiza o uso da imagem para exercício de poder durante as guerras. Analisa a ambiguidade que cerca as realizações da civilização: a tecnologia oferece bem-estar, mas pode destruí-la; os regulamentos inibem a agressividade humana, que pode manifestar-se contra ela; e a distribuição de riqueza com a qual o homem colabora, mas que gera injustiça. Conclui sobre a necessidade de mudanças nas relações políticas e econômicas dos EUA para com os outros povos, a fim de evitar a ameaça à civilização.

Narcisismo e poder

Quando observo o exercício do poder, sempre tenho a impressão de que Narciso não morreu; ele vive em nosso mundo. O mito[32] relata que o jovem não se desliga da própria imagem refletida na água, porque se apaixona por ela e continua, mesmo depois da morte, a fitá-la na fonte do Estige. Suas irmãs não

---

[32] O Mito de Narciso foi relatado por Nathan Schwartz-Salant em: *Narcisismo e transformação do caráter*. São Paulo: Cultrix, 1988, p. 97 e seguintes.

encontram o seu corpo e, em lugar dele, acharam uma flor. Essa é uma história que só existe devido ao isolamento de Narciso; é uma paixão pelo próprio reflexo, pela imagem, mais importante do que o corpo como individualidade ou como outridade. É uma prisão que no mito torna-se eterna e mostra na vida real os mesmos matizes característicos de outros sentimentos que envolvem as pessoas que se espelham nas águas do poder.

O ataque terrorista de 11 de setembro, em Nova Iorque, (embora ainda se lamentem as vidas humanas que lá se perderam), dirigiu-se de forma incisiva em direção aos símbolos do triângulo do poder norte-americano, do qual duas das três faces especulares – a militar e a econômica – fragmentaram-se. O poder reflete-se na própria imagem espelhada em objetos que o simbolizam. Assim, as imagens do poder econômico e militar respectivamente – o World Trade Center e o Pentágono (salvou-se a Casa Branca) – tiveram seus espelhos estilhaçados com os ataques. O mundo estupefato assistiu o ataque aos símbolos da civilização americana. Esse fato nos leva a retomar a indagação de Freud, embora o contexto e a época sejam outros: "Como foi que tantas pessoas vieram a assumir essa estranha atitude de hostilidade para com a civilização?" (1930, p. 106).

É importante analisar a situação sob outros pontos de vista, que nos deem novas explicações além daquelas, que justifiquem a guerra imediata como se os destinos da humanidade fossem confinados à ação-reação (ou à Lei de Talião, origem da palavra retaliação). O imediatismo da reação fundamentou a guerra do país mais poderoso do mundo (em tecnologia, economia e política) contra o Afeganistão.

Os três alvos – espelhos do poder – representam os ideais, para os quais convergiram e continuarão a convergir os esforços do povo americano, da mesma forma que expressam o seu orgulho pelo que já foi conquistado. São os "ideais culturais" (FREUD, 1930, p. 24) desse povo, que se diferenciam daqueles de outras culturas que se realizaram de modos diferentes. Sem dúvida alguma, os poderes: político, militar e econômico – que demonstram a supremacia norte-americana sobre os demais povos – constituíram-se modelos a partir dessas diferenças. Contudo, isso não dá ao estado americano o direito de olhar com desdém para o resto do mundo, porque isso faz com que os ideais culturais se tornem também fonte de discórdia e inimizade (no caso das outras nações).

Segundo Freud (1930), o poder, em sua satisfação narcísica, além de gerar hostilidade, pode também promover o controle das hostilidades para com a cultura, cujos benefícios são partilhados pelas classes favorecidas que os desfrutam, assim como pelas oprimidas, que, com ela, compensam as injustiças que sofrem. Há, pois, uma identificação das classes oprimidas com as dominantes, visto que estas se ligam emocionalmente a aquelas, situando-as como seus ideais. Isso não é diferente no caso das nações.

Dessa forma, não vamos analisar o indivíduo americano, mas transplantar as características do narcisismo para a sociedade que se espelha em monumentos e outros artifícios que exibem poder. Assim como a personalidade narcisista "rejeita os sentimentos de necessidade com relação a outro ser humano" (SCHWARTZ-SALANT, 1995, p. 51), a política norte-americana vem mostrando continuamente sua autossuficiência militar e econômica, ou sua onipotência tecnológica em relação aos outros povos. Eles vivenciam a história de modo que ela atenda à pressão interna de sua grandiosidade para o exercício de poder sobre o restante do mundo, que deve estar sob seu controle, incluído em sua certeza, diante da qual não admite o acaso.

A História nos apresenta exemplos típicos dessa política narcisista. Durante a Guerra Fria, em março de 1983, o presidente Ronald Reagan anuncia o projeto de Iniciativa de Defesa Estratégica, ou *Guerra nas Estrelas*, cujo objetivo era construir um escudo espacial contra mísseis lançados de qualquer lugar da Terra ou de fora dela (ARBEX JR., 1997, p. 221). George W. Bush retomou a proposta em uma tentativa de controle do acaso, pois nada deve e nem pode abalar a estrutura de onipotência em relação aos demais países. O estado narcísico desenvolve uma defesa, negando as necessidades dos outros em vez de supri-las.

> O núcleo da estrutura narcisista de fusão, o si mesmo grandioso-exibicionista (ou defensivo urobórico), reside em sua capacidade de exercer controle sobre as outras pessoas. (SCHWARTZ-SALANT, 1995, p. 64)

O que se denomina "transferência especular". Essa necessidade de controle tem como característica principal o uso das pessoas, que são forçadas a lhe servirem de espelho. Por esse motivo, elas não conseguem manter seu ponto de vista que fica submetido ao do narcisista.

Os símbolos atacados, como no Mito de Narciso, retomando a crença primitiva, prenderam a alma americana no sentido do fechamento egocêntrico. Mesmo representando a vitória da civilização, não é a vitória de todas as civilizações da Terra, mas daquela que se fez pelo poder exercido sobre o conjunto de todos os outros indivíduos isolados em outras comunidades.

Guerra e imagem

> Uma das maneiras como a nossa cultura promove a personalidade narcisista é sua exagerada ênfase sobre a importância de vencer. "Vencer é a única coisa que conta!". (LOWEN, 1995, p. 54)

Portanto, o que importa é a posição dominante (vencer, estar no topo, ser o número um etc.) e a imagem de poder que isso acarreta. O narcisista ignora seu comportamento destrutivo, visto que suas vítimas são objetos a serem usados, em função de sua superioridade.

Segundo Lowen (1995, p. 55), "a importância suprema de vencer, a negação do sentimento e o papel da imagem são sumamente evidentes na guerra", em que vitória ou derrota são diretamente proporcionais à vida ou morte e não há lugar para sentimentos e valores humanos. Os soldados agem em função de imagens: o nazista, o vietcongue, o terrorista, mas preservam os sentimentos para com seus colegas de pelotão (é um narcisismo acidental). São obrigados a matar imagens, mas também eles se convertem em imagem; obedecem a ordens e lutam sem questionar, agem, mas não podem sentir: não é permitido sentir medo, dor ou tristeza. O autor observa que se uma pessoa é identificada com uma imagem, desse mesmo jeito ela vê o outro, o que pode representar algum aspecto rejeitado do *self*, por exemplo, "se a imagem narcisista é de dureza e vigor, a pessoa projetará em outros uma imagem de vulnerabilidade e fragilidade que deve ser destruída" (p. 56).

Os EUA têm sustentado uma política de imagem para garantir a supremacia sobre o mundo. Durante a Segunda Guerra Mundial, a imagem do nazismo foi objeto da guerra; depois, no período da Guerra Fria, a manutenção do poder tinha como imagem a ser destruída: o comunismo (a paranoia estendeu-se por todo o mundo), que serviu de justificativa para guerras: como a do Vietnã – implantação de regimes totalitários (como na América Latina) e, muitas vezes, invasões. A imagem do comunismo tantas vezes encobria a verdade,[33] a cobiça pelo petróleo, grande riqueza do Oriente Médio.[34] A falsa imagem do motivo da guerra repetiu-se depois na Guerra Irã-Iraque, em 1980, com um saldo de um milhão de mortos. Embora não fosse mais o fantasma do comunismo, a imagem transformava-se na luta

---

33 "A primeira vítima de uma guerra é a verdade", escreveu Kipling, mas "nós diríamos que a primeira vítima de uma guerra é o conceito de realidade", cita Paul Virilio, em: *Guerra e cinema*, p. 61.

34 O maior interesse era (e permanece) as incomparáveis reservas de energia da região, principalmente a península árabe. A meta política central era estabelecer o controle norte-americano sobre o que o Departamento de Estado descreveu como "uma fonte estupenda de poder estratégico e um dos maiores prêmios materiais na história mundial", "provavelmente o mais rico prêmio econômico no mundo, no campo do investimento externo"; a mais "importante área estratégica do mundo", como Eisenhower, mais tarde, descreveu a península.

Às corporações norte-americanas foi garantido o papel principal na produção de petróleo do Oriente Médio, enquanto dominavam o hemisfério ocidental (CHOMSKY, 1996, p. 238).

pela paz mundial e o petróleo continuava a ser o centro dos interesses. Em agosto de 1990, quando o Iraque invade o Kuwait, o medo da escassez do petróleo de novo ameaçou o poder americano, que, em 1991, atacou o Iraque com uma força militar de 500 mil homens. Como guardiães da paz, os heróis lançaram-se contra a imagem do "déspota" Saddam Hussein.

Os fatos exemplares são numerosos, dentre eles a guerra (núcleo deste ensaio) que se inicia em dezembro de 1979, quando a União Soviética invade o Afeganistão. Essa luta chega até agosto de 1988, quando Gorbatchov inicia a retirada do Exército Vermelho do território afegão. Não será enfocada aqui a imagem do universalismo comunista (nem seu resultado), desejada pelos comunistas como solução para a infelicidade humana dentro da civilização.

No entanto, nesse período, a suposta imagem do terrorismo – Bin Laden –, em contato com os EUA, foi preparada para se opor aos soviéticos como resquício ainda da luta contra a imagem do comunismo. E, "um bom soldado deve suprimir muitos sentimentos e converter-se, com efeito, numa máquina de matar" (LOWEN, 1988, p. 60), ou seja, em imagem.

Atualmente, o poder americano concentrou-se ainda mais por meio da globalização, criando dessa forma seus próprios inimigos, aos quais cerceia o direito de participar da civilização. A imagem percebida pelos outros povos é de ausência: do diálogo, da redução da diplomacia (vide o fato de não ter assinado o Protocolo de Kioto), da impossibilidade de persuasão. Antes de iniciar a guerra contra o povo afegão, George W. Bush declarou, plagiando a Bíblia, que quem não estivesse a seu lado, estaria contra. Com isso, mostrou a dificuldade que tem de mover-se (motilidade = capacidade de se mover), no sentido da percepção do outro, o que significa afastar-se do próprio espelho. De acordo com Lowen, se não há movimento interno, não há sentimento, pois toda emoção é movimento de dentro para fora, mas não no sentido da destruição.

Quando o poder é derivado da comunidade e exercido em nome dela, "os regimes democráticos têm demonstrado que os conflitos podem ser resolvidos sem o recurso à força" (LOWEN, 1995, p. 81). Parece-nos, entretanto, que a política norte-americana traz subjacente à exibição da força, a consciência de sua inadequação no que diz respeito às relações com outros povos, assim como de sua grande dificuldade para o diálogo, para o exercício diplomático, a fim de evitar os conflitos.

O ataque de 11 de setembro expôs a imagem do poder americano à humilhação, que o escudo antimíssil não é capaz de impedir. A tecnologia estratégica de proteção revela o medo narcisista da humilhação, que incomoda o jogo de poder diante da possibilidade de enfraquecimento e perda do controle. Por isso, a ameaça sempre iminente justifica as iniciativas de proteção contra a humilhação, porque põe em perigo a imagem grandiosa.

Devido a essa imagem, o poder passa a ser desejado pela pessoa (ou pelo povo) que se sente inferior. O "poder suscita inveja, cria medo e leva à hostilidade" (LOWEN, 1995, p. 90), tornando o poderoso vulnerável às maquinações. O aforismo citado por Lowen: "Inquieta está a cabeça que ostenta a coroa", significa que o poderoso é temido, por isso não pode ser amado: amor e medo são exclusivos. A emoção correspondente ao medo é à cólera, que está impregnada de intento homicida. O ataque terrorista caracterizou a cólera, a maquinação de um povo oprimido, que apontou a impotência da grande defesa diante dos "pequenos" ataques. A estratégia suicida de destruição simbólica gerou a frustração e, consequentemente, a cólera que se estendeu à outra imagem, via Israel; aos palestinos e, talvez, ao Iraque (retomando a história de Saddam Hussein). A imagem do terror justifica aos Estados Unidos a destruição da civilização árabe e viola o principal regulamento, segundo Freud, de toda a civilização: não matarás!

O destino da civilização

No ensaio (1927-1931) *O futuro de uma ilusão*, escrito há cerca de dez anos após a Primeira Guerra Mundial, Freud indaga sobre qual o destino que espera a civilização e "quais as transformações que está fadada a experimentar" (FREUD, 1927-1931, p. 15), depois de ter tentado descobrir suas origens e por qual caminho se desenvolveu. Afirma que é tanto mais difícil para o homem mostrar seu juízo sobre o futuro, quanto menos conhecer o passado e o presente.

Por isso, diferencia a civilização humana como tudo "aquilo em que a vida humana se elevou acima de sua condição animal e difere da vida dos animais" (FREUD, 1927-1931, p. 16). Distingue dois aspectos da civilização: o primeiro consiste no conhecimento e capacidade de o homem controlar as forças da natureza e dela extrair riqueza para satisfazer suas necessidades; e o segundo inclui todos os regulamentos que ajustam as relações humanas e a distribuição da riqueza disponível. Trata-se, pois, da relação do homem com a natureza para extrair riqueza, de sua distribuição e do ajuste das relações humanas – os regulamentos. A riqueza, que produz a satisfação instintual, para ser conseguida, depende do uso do trabalho dos outros homens. Logo, o fato de que todo indivíduo é virtualmente inimigo da civilização, embora se pense que ela seja de interesse universal, dá suporte à necessidade dos regulamentos, das leis, das normas. Pelas instituições, regulamentos e ordens, a civilização é defendida contra o indivíduo: "na verdade, tem de proteger contra os impulsos hostis dos homens tudo o que contribui para a conquista da natureza e a produção de riqueza" (p. 16). As tendências humanas destrutivas podem aniquilar (e o fazem) as criações humanas, por meio da ciência e da tecnologia que as construíram.

Os três alvos do ataque terrorista, símbolos da civilização americana, ajustam-se à opinião de Freud, visto que representam o domínio sobre a natureza no sentido da evolução da economia que ajusta a riqueza, da tecnologia de guerra que a defende, garantindo sua manutenção e do poder político necessário ao ajuste das relações mútuas entre os homens. Na verdade, os três poderes se imbricam. "Como foi que tantas pessoas vieram a assumir essa estranha atitude para com a civilização?" (FREUD, 1930, p. 106). No século XXI, ainda retomamos a indagação freudiana.

Ao expor as razões dessa atitude humana, Freud aponta certos acontecimentos históricos: as religiões pagãs foram relegadas com o advento do cristianismo, o qual se baseia na baixa estima à vida terrena; as viagens de descobrimento, que fizeram os europeus verem de modo equivocado os povos primitivos, que pareciam levar uma vida simples e feliz; e a descoberta da frustração que a sociedade impõe à pessoa tornando-a neurótica. Acrescenta outro fator: o progresso nas ciências naturais e na sua aplicação técnica como controle da natureza. O progresso, motivo de orgulho dos homens civilizados, não aumentou a sua satisfação e nem os tornou mais felizes. Embora cite vários exemplos para indicar que o progresso técnico nos traz ganhos, retoma a ideia de que a civilização o fez para nos proteger contra a violência das forças da natureza e também para, por meio das leis, ajustar os nossos relacionamentos mútuos (FREUD, 1930).

A evolução técnica: a utilização de instrumentos, controle sobre o fogo e a construção de habitações (substitutivo do útero materno) constituem a evolução dos objetos técnicos e entende-os (McLuhan está de acordo) como extensões de seus próprios órgãos, motores ou sensoriais, cujos limites de funcionamento são ampliados. Enumera o encurtamento das distâncias com a evolução dos meios de transportes; a superação do espaço visual com os instrumentos (como telescópio e microscópio) superando os limites da retina, a fotografia que fixa imagens fugidias, a tecnologia sonora que grava o som como o faz a memória etc. Tudo isso faz parte das aquisições culturais do homem, que, ao realizar um antigo sonho, torna-se um deus: o "deus da prótese" (FREUD, 1930, p. 111). Isso, porém, não lhe traz felicidade, porque lhe causa outros problemas: traz exigências de higiene, ordem, beleza.

Apesar dos senões, o progresso técnico trouxe mais vantagens do que desvantagens ao ser humano, embora a tecnologia seja usada também para a aniquilação da própria civilização.

Quando trata da regulação dos relacionamentos mútuos dos homens, acentua outra marca da civilização:

> A vida humana em comum só se torna possível quando se reúne uma maioria mais forte do que qualquer indivíduo isolado e que permanece ainda contra todos os indivíduos isolados. (FREUD, 1930, p. 115)

O poder da comunidade define-se como direito em oposição ao do indivíduo: força bruta; aquele substitui este. Essa substituição constitui o passo decisivo da civilização, visto que a comunidade restringe as possibilidades de satisfação do indivíduo, que desconhece as restrições. Portanto, a justiça, a primeira exigência da civilização, deve garantir que a lei não será violada em favor de um indivíduo, ou seja, a civilização impõe restrições ao indivíduo, cuja liberdade era maior quando vivia em estado natural. Agora, o desejo de liberdade pode ser uma revolta contra alguma injustiça, por isso o impulso de liberdade pode ser dirigido contra formas e exigências específicas ou contra a civilização em geral. O que torna inofensivo o desejo de agressão do indivíduo contra a civilização é o sentimento de culpa e a punição. Essa análise, porém, não nos diz respeito, mas a da civilização como importância maior da comunidade sobre o indivíduo isolado.

Se olharmos a civilização norte-americana, verifica-se que ela se arroga o lugar da democracia, em que o direito da maioria é exercido para garantir a civilização, ou seja, o direito da comunidade em oposição ao do indivíduo isolado, ou ainda, em que a liberdade do indivíduo deve ser conivente com as leis da civilização. Assim, o nosso ensaio volta-se aos relacionamentos mútuos, não aos que se referem aos indivíduos radicados nesse país, mas àqueles que se constituem direito de todos os povos.

Se os EUA se consideram civilização e se a justiça é a primeira exigência dela, quais são os critérios de justiça que se aplicam às outras civilizações? Como os regulamentos funcionam para gerir as riquezas em função da redução das frustrações da maioria dos países?

Civilização e justiça

Ao discorrer sobre a questão do propósito da vida humana, Freud (*O mal-estar na civilização*, 1927-1931, pp. 94-95) explica que o sofrimento que nos ameaça parte de três direções:

> De nosso próprio corpo, condenado à decadência e dissolução e que, nem mesmo, pode dispensar o sofrimento e a ansiedade como sinais de advertência; do mundo externo, que pode voltar-se contra nós com forças de destruição esmagadoras e impiedosas; e, finalmente, de nossos relacionamentos com os outros homens.

Embora considere o último tipo: a fonte social do sofrimento, como o mais penoso de todos, o autor assinala com perplexidade o fato de os regulamentos, as leis, que nós mesmos instituímos, não representarem proteção e benefício para cada um de nós. Chega a indagar se não seria melhor que abandonássemos a civilização, contra a qual as pessoas possuem atitudes tão hostis, e voltássemos às nossas condições primitivas.

> A "civilização" descreve a soma integral de realizações e regulamentos que distinguem nossas vidas das de nossos antepassados animais e que servem a dois intuitos, a saber: o de proteger os homens contra a natureza e o de ajustar os seus relacionamentos mútuos. (FREUD, 1927-1931, p. 109)

Se as realizações se fazem pela continuidade da evolução, que acontece de modo cada vez mais acelerado, será que ela caracteriza um traço da civilização entendida, não em seu conceito geral, mas particularizada como direito de cada povo?

Infelizmente, a evolução tecnológica tornou-se privilégio das grandes potências, que detêm também os poderes: econômico e político em detrimento de outros povos. Dito de outro modo, quem possui o poder econômico, possui tecnologia mais avançada e, por isso, detém também o poder político. Logo, a redução do sofrimento humano tornou-se um privilégio desses países, dentre os quais os Estados Unidos que concentram a supremacia econômica e tecnológica, o que leva também ao poder de definir os relacionamentos mútuos entre os povos (os EUA possuem poder de veto nas assembleias da ONU).

Como são regulados os relacionamentos mútuos, sociais, os quais afetam a pessoa como próximo, como membro de uma família e de um Estado? Se o poder da maioria é, por conseguinte, estabelecido como direito, "a substituição do poder do indivíduo pelo poder de uma comunidade constitui o passo decisivo da civilização". Se estendermos essa ideia a cada país, a cada povo em sua individualidade, tendo como pano de fundo a comunidade entendida como o direito da maioria, ou seja, todos os povos da Terra, há uma restrição em relação às possibilidades de satisfação para os membros da comunidade. O atentado terrorista de 11 de setembro é o fato que comprovou essa hipótese. Por isso, a justiça é a condição *sine qua non* para a existência da civilização (o conjunto de todos os povos) em sua totalidade, ou seja, a garantia de que "a lei não será violada em favor de um indivíduo" (FREUD, 1927-1931, p. 115).

À liberdade do indivíduo, muito mais ampla quando vivia em estado natural como os outros animais, a civilização impõe restrições e das quais a justiça exige que ninguém fuja. Porém, o desejo de liberdade, expresso por uma dada comunidade, pode significar a revolta contra alguma injustiça existente, pode ser favorável a um maior desenvolvimento da civilização e pode permanecer compatível com ela ou tornar-se a base da hostilidade à civilização (remanescente da personalidade humana original).

Diante do cenário da guerra exibida na tela da TV, pensa-se nas duas condições próprias ao homem:

> Conhecimento e capacidade adquiridos para controlar as forças da natureza e a capacidade de extrair dela riquezas para a satisfação de suas necessidades. A outra diz respeito aos regulamentos necessários para ajustar as relações dos homens uns com os outros e, especialmente, a distribuição da riqueza disponível. (FREUD, 1927-1930, p. 16)

A civilização tem que ser defendida contra o próprio indivíduo, contra seus impulsos hostis a tudo o que contribui para a conquista da natureza e a produção da riqueza. Mas, a relação do homem com a natureza e com os outros possui ambiguidade, o que contribui para a conquista da natureza e a produção de riqueza – a ciência e a tecnologia – podem ser usadas para a sua aniquilação. As tendências destrutivas estão presentes em todos os homens e em um grande número de pessoas e são bastante fortes para determinar o comportamento delas na sociedade humana. No entanto, se o controle da natureza fosse para a aquisição de riqueza e se houvesse uma distribuição apropriada de riqueza entre os homens (FREUD, 1927-1931, p. 17), os perigos que ameaçam a civilização seriam menores.

Se pensarmos na distribuição da riqueza em esfera mundial, como já foi dito anteriormente, notamos que os Estados Unidos possuem grande concentração e são um país que jamais sofreu agressão por parte de outros povos. Em contrapartida, os outros povos, especificamente os do mundo árabe, embora possuam a riqueza mais valiosa do mundo: o petróleo – sem o qual a economia ocidental não se movimentaria –, já passaram por muitos conflitos. Dentre eles, podem-se citar o povo palestino, que foi expulso de sua terra;[35] o povo libanês (em 1958);[36] os afegãos

---

[35] Em novembro de 1947, a assembleia geral da ONU vota uma resolução que permite a criação do Estado de Israel, que acontece em maio do ano seguinte, em: ARBEX JR., José., *Guerra Fria: Terror de Estado, política e cultura*, 1997, p. 211.

[36] CHOMSKY, Noam. *Novas e Velhas Ordens Mundiais*, 1996, p. 105. Em julho de

O PODER DO PODER DA COMUNICAÇÃO

que já enfrentaram a invasão da União Soviética, de 1979 a 1988 etc. Logo, muitas imagens, que disfarçam o real interesse pelas reservas de petróleo do Oriente Médio,[37] têm justificado o controle americano sobre a região que vem sendo agredida continuamente. Será que não lhes cabe o direito à civilização, já que foi tantas vezes bombardeada e agredida?

Somos, de novo, tentados a nos apoiar em Freud (1927-1931, p. 17):

> Fica-se assim com a impressão de que a civilização é algo que foi imposto a uma maioria resistente por uma minoria que compreendeu como obter a posse dos meios de poder e coerção.

Mesmo tendo avançado significativamente na área da tecnologia (controle das agressões da natureza), não se avançou da mesma forma em relação aos assuntos humanos, cujas relações precisam ser reordenadas, ou seja, a política, em vez de exercer coerção, para que mantenha o poder da minoria, precisa voltar-se para o outro, para outros povos, no sentido de que a maioria tenha acesso às conquistas da civilização, a fim de que, por meio do trabalho, possa também usufruir da riqueza. Para tanto, é preciso que a cooperação internacional avance no sentido inverso da política narcisista; a ajuda humanitária (despejar alimentos, remédios etc. por meio de aviões) lançada juntamente a bombas ecoa como cinismo: a repetição pura e simples da voz de Narciso que não deseja perder o controle da opinião pública.

1958, dez mil fuzileiros navais norte-amerianos desembarcaram no Líbano. A imagem a ser combatida era o comunismo, mas o verdadeiro interesse era o petróleo.

37   A meta política central era estabelecer o controle norte-americano sobre o que o Departamento de Estado descreveu como "uma fonte estupenda de poder estratégico e um dos maiores prêmios materiais na história mundial", "provavelmente o mais rico prêmio econômico no mundo, no campo do investimento externo", a mais "importante área estratégica do mundo", como Eisenhower mais tarde descreveu a península (CHOMSKY, 1996, p. 238).

Colocamo-nos diante de um problema e estamos disponíveis a uma proposta para solucioná-lo. Como evitar a destruição da civilização, ou como permitir que ela se realize? Com Freud (1927-1931, p. 69):

> Acreditamos ser possível ao trabalho científico conseguir um certo conhecimento da realidade do mundo, conhecimento por meio do qual podemos aumentar nosso poder, e de acordo com o qual podemos organizar nossa vida.

A ciência, que se desenvolve por meio da inteligência, pressupõe a quebra do espelho narcísico do poder, com direito à inserção na civilização e cujo principal movimento para a fragmentação acontece no sentido do outro ou dos outros povos. A consciência do outro deve reordenar as leis, os regulamentos que controlam os relacionamentos mútuos, a distribuição da riqueza e o direito à civilização. Para que isso aconteça é preciso que se fragmentem os espelhos do controle do poder narcísico, pois a humanidade não deseja colher outra flor atômica que substituirá o corpo desaparecido.

6

SIGNO E PODER

Conforme uma pesquisa realizada para doutorado, na qual foram analisadas quinhentas e quarenta redações dos candidatos inscritos nos exames vestibulares da PUC-Campinas, observou-se que apenas dez textos não possuíam informações provenientes da televisão. Dessa constatação, fazemos uma reflexão comparativa entre as linguagens das tecnologias de comunicação visual: escrita, fotografia, cinema e televisão – considerando o ponto de vista da emissão e da recepção, uma reflexão sobre o uso desses sistemas de signos como exercício de poder, procurando identificar em cada um deles as maneiras como isso foi e continua sendo feito. Detém-se, principalmente, na observação do uso dessas linguagens durante as guerras, quando, por meio da propaganda, o poder precisa da coesão nacional. O objeto desse estudo apoia-se na visão comparativa entre as redações dos estudantes e as linguagens visuais, observando dialeticamente o avanço das tecnologias de comunicação e seu uso em função da manutenção do poder instituído. Também a teoria crítica da Escola de Frankfurt coloca-se como base para as reflexões. Como o INTERCOM (Sociedade Brasileira de Estudos Interdisciplinares) é o mais importante congresso de comunicação do país, propôs-se o trabalho "Signo e Poder" para apresentação no Colóquio Brasil-França.

O poder da linguagem verbal

Constatou-se a interferência da linguagem televisiva na escrita, por meio de pesquisa realizada nas redações do vestibular, da PUC-Campinas,[38] portanto, vale a pena fazer uma comparação entre as diferentes linguagens visuais para observar que tipos de influência e de poder exercem sobre o homem. Para tanto, é oportuno nos deter na perspectiva da recepção de cada tipo de signo, procurando identificar como, em cada um deles, as manipulações se apresentam para exercício de poder.

O signo verbal oral pressupõe um emissor e um receptor (ou vice-versa) que possuam um código em comum e que sejam conhecedores de suas regras de uso, estejam em uma dada situação comunicativa e pertençam ou tenham laços de linguagem com a comunidade que utiliza o repertório da mensagem. O entendimento depende também da percepção da intenção comunicativa de quem a formulou, com o objetivo de que ela seja atendida ou respondida.

Spengler observa que a linguagem não brotou do pensamento, mas da necessidade prática de comando para garantir a ação combinada coletiva, para a qual se unem olhos e mãos: aqueles para determinar a meta a ser atingida; o espaço a ser dominado; e essas para fabricar o utensílio (independente da vida) e determinar o seu uso. Ao lado do pensamento dos olhos para o domínio do espaço, se junta o pensamento das mãos, prático e atuante. O olhar atua na ordem da causa ao efeito, enquanto a mão manobra segundo os meios e os fins (SPENGLER, 1980). Por essa razão, o homem e os animais observam como nasce o fogo (causa e efeito), mas somente ele é capaz de reproduzi-lo (meios e fins), e, assim, descobre sua capacidade e habilidade de

---

38 Em pesquisa realizada para tese de doutorado, em amostra de quinhentas e quarenta redações, apenas dez estudantes não repetem frases veiculadas pela TV.

substituir a natureza no ato de criar. O que ele cria não é apenas a técnica (por exemplo: como produzir fogo), mas objetos artificiais que, à medida que evoluem, fazem com que se afaste da natureza. Também em relação ao exercício da guerra, as armas dos homens são artificiais enquanto as dos animais são naturais.

Segundo esse autor: "A finalidade primeira da linguagem é desencadear uma ação, em conformidade com uma intenção e com o tempo, o lugar e os meios disponíveis" (SPENGLER, 1980, p. 81). Logo, a grande virada na história do homem foi decorrente, não da evolução dos objetos, mas da ação coletiva combinada, ou seja, os atos organizados de um número de indivíduos, mais ou menos elevados, em conformidade com um plano (p. 77), que pressupõe a divisão de tarefas e tem, como condição *sine qua non*, a linguagem. Portanto, a linguagem nasceu do diálogo, cujas frases se ordenavam segundo a conversação entre várias pessoas, ou seja, sua finalidade não era o juízo, o conhecimento, a partir do raciocínio, mas o acordo mútuo obtido por meio de perguntas e respostas (p. 80). A fala era usada quando estritamente necessária. O pensamento, para o qual a palavra é um ato de matriz intelectual, que se realiza com o auxílio dos sentidos, brotava da prática.

Com o intuito de obter mais poder, ampliar sua superioridade além de suas forças físicas, aumenta-se a artificialidade dos processos (SPENGLER, 1980, p. 84), o número de braços para executar as tarefas necessárias ao empreendimento que se projeta conforme um plano e se realiza pelo comando por meio da linguagem. Há, então, uma técnica de dirigir e outra de executar, com a separação das atividades mentais e manuais (p. 86), assim formular projetos e executá-los passam a ser atividades distintas. Desde então, quando a linguagem dirige os empreendimentos há dois tipos de homens: os que planejam (técnica de dirigir) e os que executam (técnica de executar).

Na ânsia de expandir o poder, surge a guerra como empreendimento com chefes, guerreiros e batalhas organizadas, e, para domínio dos vencidos, se lhes impõe a lei, perante a qual todos (ou a maioria) devem ser iguais, mas que é sempre do mais forte, diante de quem tem que se curvar o mais fraco.[39]

McLuhan cita o mito de Cadmo, ao retomar a relação entre escrita e civilização, também observando-a do ponto de vista do poder. O alfabeto fonético[40] acha-se associado aos dentes, que, junto com as garras, denotam agressividade, ataque, domínio, poder militar. Essa associação permite outra interpretação sobre a origem mítica da escrita: os dentes, além de representarem a expressão da agressividade, significam também a fonetização da escrita, a relação do número reduzido de letras com a quantidade maior de sons da fala. A ideia mítica de que dos dentes do dragão lançados surgiu o alfabeto, pode ser interpretada como se alguém tivesse espalhado a fala (sucessão de sons no tempo) no espaço da escrita: o registro da sucessividade sonora pela sequência linear das letras combinadas. O gesto de lançar representa a objetividade da escrita, o distanciamento, para o que é necessário que se desfaça a proximidade entre o eu e o objeto, ou o eu e os outros, entre os próprios indivíduos. Nesse sentido, o emissor controla à distância, sem perigo de trair-se pelo gesto, pela expressão facial, pela entonação da fala, que denunciavam as emoções: medo, raiva etc. O poder se exerce melhor pela organização estruturada, fixada pelo registro da escrita, porque a informação permanece fria e objetiva do que pela fala que se perde e se transforma ao passar de um indivíduo a outro. A escrita convoca a uniformidade: se a informação é o registro único, todos têm que aceitá-la de uma única forma e reagir conforme o modo indicado. Isso facilita o comando, o exercício do poder.

---

39 SPENGLER, 1980, p. 90. Segundo o autor, quando a lei é reconhecida e instituída por um longo tempo, constitui a paz e a política é um substituto temporário para a guerra, o qual utiliza armas intelectuais.
40 CANETTI, Elias. *Massa e poder*. Mostra que as garras e os dentes representam a agressividade animal, os meios de ataque. E McLuhan compara a justaposição dos dentes com a justaposição das letras na escrita.

Com a imprensa e a reprodução técnica, expandiu-se a abrangência do poder, que se definiu ainda mais pelo desejo de que os que manejavam a técnica em número cada vez maior atendessem ao comando dos empreendedores. Ao mesmo tempo, porém, que a escrita significou dominação, possibilitou a relação antitética, fundamentando ideias de sustentação de movimentos sociais contra o poder. Ela propicia o pensamento crítico.

Outro tipo de limitação foi imposto pela escrita: a relação entre emissor e receptor. Tudo concorre para que a vastidão da realidade, cuja ausência se faz representar pela sonoridade da fala, seja retomada. Mas há um sentimento de impotência, porque a fala jamais foi capaz de abranger a realidade: "Falar mete-me medo porque, nunca dizendo o suficiente, sempre digo também demasiado" (DERRIDA, 1971, p. 21). Se as limitações impõem à fala uma responsabilidade, por causa da presente relação emissor-receptor, a escrita a exige muito maior, porque representa um corpo mais independente e um registro mais estável, ao mesmo tempo, que apaga a horizontalidade e toda a carga expressiva dessa relação. A fala é inclusiva e a escrita, exclusiva. Assim, ela exclui o emissor e só revela o seu corpo frio pelo ato da leitura, que o aquece. Como escreve McLuhan (1969, p. 61):

> Escrever é retirar-se. Não para a sua tenda para escrever, mas da sua própria escritura. Cair longe da sua linguagem, emancipá-la ou desampará-la, deixá-la caminhar sozinha e desmunida. Abandonar a palavra.

A ausência do emissor torna ausente, também, parte do sentido que ele, individualmente, morador da história, situou num espaço determinado, mas deixa presente todos os sentidos que possam ser revelados pelos receptores, a partir daqueles que permanecem memoráveis no texto. A leitura é outro momento em outro espaço, que desvendará o segredo do labirinto do texto. Cada texto escrito é criptográfico, porque sempre esconde algo – ou o dissimula – que nunca se revela a cada nova leitura.

Todo mistério admite em seu círculo apenas um número restrito de iniciados, que são partícipes e guardadores do segredo. Por isso, escrever e ler é um privilégio que ainda não se desfez, dada a grande massa de analfabetos e de iletrados, que não conseguem, a não ser funcionalmente, penetrar nesse mistério.

Se a escrita ainda não é do domínio da totalidade da população, ela também não é veiculada em dupla mão de direção. A maioria acata as leis, recebe as informações em uma recepção vertical, mas pode perfazer o caminho de volta a partir do texto, ao pensar sobre a escrita usada para a manutenção do poder, do *status quo* a fim de questioná-lo.

Outro motivo para que a escrita atendesse ao poder foi com a criação dos tipos móveis, a possibilidade de difusão que, segundo McLuhan, é necessária à criação de públicos em escala nacional (MCLUHAN, 1969, p. 15). Os públicos se fizeram necessários ao consumo dos livros produzidos em série, da mesma forma que a existência da autoria, desnecessária na Idade Média, quando o conhecimento era considerado integrante de um todo. Com a imprensa, escrever passa a ser importante.

A cultura letrada produz uma nova sociedade de cultura visual de processamento uniforme. A uniformidade facilita o controle associando-se à leveza do papel e à facilidade de se transportarem ordens escritas para lugares distantes. A portabilidade deu condições para que informações escritas (ordens, por exemplo) fossem deslocadas para lugares e situações estratégicas e, assim, ampliassem o exercício do poder. Embora tenha sido usada como exercício de poder e tenha tido como consequência uma civilização visual, linear, com relações mais formais, devido a seu caráter individual de escrita e de leitura, valorizou o indivíduo dentro das fronteiras da nação, delimitadas pela língua nacional, que se torna estável a partir da escrita e, mais importante, não perdeu, até agora, o privilégio de ser o lugar do pensamento e da originalidade.

A civilização da escrita foi tão importante que foram organizadas instituições que lhe dessem suporte (a escola), cuja técnica precisava ser aprendida: não apenas escrever (desempenho manual), mas a relação entre letras e sons, como combiná-los e também decodificá-los. Ela é tecnologia porque sai do âmbito familiar e precisa ser aprendida de modo diferente da fala (intuitiva). Ir à escola significa não apenas aprender uma nova forma de pensar, mas todas as relações objetivas entre as pessoas, condutas formais ou regras sociais.

O poder de testemunho

Um dos grandes valores da fotografia, sem dúvida alguma, é o seu valor de prova. Ela testemunha um acontecimento apreendido em um momento presente que não volta a se repetir: "ela repete mecanicamente o que nunca mais poderá repetir-se existencialmente" (BARTHES, 1984, p. 13). Como a escrita, jamais abrange a totalidade dos acontecimentos (isso é uma utopia), mas prende-se à contingência, ao momento, fixa uma particularidade do mundo que se movimenta continuamente. Ao fixar uma particularidade, um momento de qualquer objeto, ela traz consigo o seu referente, por isso é signo, porque mostra o referente, que é lembrado, embora não exista mais. Essa aderência do referente ao signo a torna diferente da escrita, pois mesmo sendo um signo visual não possui essa propriedade específica da imagem. Para identificar o referente do signo verbal é preciso conhecer o código e a relação significativa no texto e no mundo.

Além disso, a escrita literária conserva a autoria, o emissor da mensagem, cujo pensamento e imaginação se expõem na escrita; a relação de quem frui é suprir com imagens de sua memória os espaços descritos, as personagens caracterizadas, acompanhar, descobrir o pensamento do escritor e, se possível, questioná-lo. Já a fotografia faz objeto o sujeito fotografado que passa a ser imagem fixada pela ação da luz e de substâncias químicas: imagem no papel. Mesmo com o poder de fazer com que o sujeito se transforme em objeto, a ideia de tempo adquire feições interessantes, porque, ao fixar o momento presente, no

O PODER DO PODER DA COMUNICAÇÃO

instante da revelação ele já se fez passado, que só era apreensível pela mente humana, no desenho ou na palavra, retido pelo presente fixado.

Embora o poder do signo fotográfico seja de testemunho, de transformar o sujeito em objeto, é limitado em relação à realidade que se movimenta continuamente. Virilio, citando Rodin sobre o poder de testemunho da imagem fotográfica, afirma:

> [...] pois se a imagem instantânea visa à exatidão científica dos detalhes, o congelamento da imagem ou, antes, o congelamento do tempo da imagem da instantaneidade, falsifica invariavelmente a temporalidade sensível do testemunho, esse tempo que é o movimento de uma coisa criada. (VIRILIO, 1994, p. 16)

A percepção desse olhar deficiente da câmera, como o entendeu Rodin, não se compara com a percepção do olhar humano: a aquisição da imagem mental jamais é instantânea, ela é uma percepção consolidada na memória (VIRILIO, 1994). Contudo, apesar da diferença, esse novo modo de ver também interfere, segundo constata Virilio, sobre a dificuldade que as gerações atuais têm de compreender o que leem, porque são incapazes de representar. Logo:

> [...] as imagens percebidas mais rapidamente deviam substituir as palavras; hoje em dia elas nada têm a substituir e os analfabetos e os disléxicos do olhar não param de se multiplicar. (VIRILIO, 1994, p. 24)

Durante a Primeira Guerra Mundial, a fotografia já havia sido intensamente usada para a observação aérea, produzindo um grande fluxo de imagens de cuja interpretação, leitura ou deciframento, dependia a vitória (VIRILIO, 1994). A luminosidade já tinha sido uma arma durante esse conflito: em 1914, grandes holofotes foram acoplados aos canhões, não só para localizar o avião bombardeiro,

> mas para criar uma mistura instantânea de dados e fascina-
> ção, a qual destrói a percepção consciente do espectador e o
> conduz à hipnose, ou a qualquer outra condição patológica
> análoga. (VIRILIO, 1993, p. 19)

A descaracterização da visão humana com a luz e a imagem fotográfica acontece pela perda de sua velocidade e sensibilidade, porque a ação das câmeras é mais rápida (instantâneos), e corresponde a uma dependência tecnológica: a percepção da imagem é o modelo que tem como consequência a padronização do olhar. A expansão da visualização, devido também aos processos de aceleração (reprodução técnica), provoca a intensificação da mensagem visual: logotipos, iniciais, siglas, silhuetas etc. (sobre o que já comentamos anteriormente).

O testemunho, com o advento da câmera fotográfica, deixa de ser verbal para ser icônico; as câmeras suplantam o olho humano para revelar a verdade

> graças à fidelidade implacável dos instrumentos [...] lhes
> permitia fixar e mostrar o movimento com uma precisão e
> riqueza de detalhes que escapam à visão, porque decupa no
> espaço e fixa no tempo quadros inimitáveis, que eternizam
> o minuto fugidio em que a natureza se mostra genial... este
> olho é o da objetiva. (VIRILIO, 1994, p. 41)

A crença no registro fotográfico como verdade arraigou-se de tal modo na mente humana que, durante a Primeira Guerra Mundial, segundo Mattelart, ele é usado para conseguir sucesso na gestão da opinião de massa e persuadir a China a juntar-se aos aliados. São duas fotos: uma com cadáveres de soldados que são transportados para serem enterrados; outra com pedaços de cavalos mortos que são enviados para uma fábrica de sabão. A troca de legendas impressionou os chineses cuja cultura não admite a profanação de cadáveres (MATTELART, 1994, p. 59).

O PODER DO PODER DA COMUNICAÇÃO

Tanto a experiência de fruição do livro como da fotografia – instante da escrita e instantâneo fotográfico – inscrevem-se menos no tempo que passa do que no tempo de exposição,[41] pois diferentemente da fala, ambos superam a duração diária e aumentam a distância entre o instrumento de transmissão (a imprensa e a câmera fotográfica) e a nossa capacidade de assumir o presente. Mas o olho da câmera é capaz de suplantar o tempo de exposição da leitura silenciosa, porque o amplia excessivamente, afastando as pessoas de sua própria memória – sua história – que passam a preferir o envolvimento da imagem, cuja consequência é uma enorme onda da ausência de letramento; é mais importante ver do que compreender (ler). Os valores se modificam com a tecnologia, uma vez que a produção do signo (pelo ser humano ou pela tecnologia) não é neutra e nem imparcial, mas ideológica porque está eivada pela história, contextualizada em uma época e em um dado lugar. Sua ação substitutiva faz com que, cada vez mais, o homem se descaracterize, transformando sua dimensão linguística por outra cuja base seja a imagem.

Cinema e poder

O arranjo fílmico para o cinema nem sempre significa intuição que produz conhecimento de dentro e, portanto, nem sempre representa consciência desperta, principalmente porque muitas imagens apresentadas que nos levam ao interior do filme podem significar controle para legitimação do poder instituído, levando a reações programadas diante de determinadas situações. Usado para exercício de poder, o cinema pode nos condicionar a movimentos reiterativos, automáticos, sem o exercício da crítica.

---

41 VIRILIO, Paul. *Guerra e cinema*, 2005, pp. 66-67. Assim se expressa o autor: "A inovação da *leitura silenciosa* faz com que cada um acredite que o que se escreve é verdadeiro, pois, no momento da leitura, tem-se a *ilusão de que se é o único a ver* o que está escrito. Existem numerosas afinidades entre o instante da escrita e o instantâneo fotográfico, cada um se inscreve menos no tempo que passa do que no tempo de exposição. Com a impressão, ...o meio de comunicação retém o imediato e desacelera-o para fixá-lo em um tempo de exposição que escapa à duração diária e ao calendário social [...]".

Tendo sido percebida essa possibilidade desde a Segunda Guerra Mundial e sabendo que, na fruição fílmica, "se *é transportado para o interior do objeto a fim de coincidir* com o que há de único e consequentemente de inexprimível sobre ele",[42] o cinema tornou-se uma faca de dois gumes. Se a imagem leva o espectador para dentro de sua realidade, pode também fazer adormecer a consciência pela geração de atitudes controladas e por isso automáticas, como despertá-lo para decisões necessárias e importantes dando-lhe conhecimento a fim de agir sobre a realidade. O cinema afetou a vida de tal modo que sua tecnologia modifica a concepção de guerra, porque:

> Não existe, portanto, guerra sem representação ou arma sofisticada sem mistificação psicológica, pois, antes de serem instrumentos de destruição, as armas são instrumentos de percepção, ou seja, estimulantes que provocam fenômenos químicos e neurológicos sobre órgãos do sentido e sistema nervoso central, afetando as reações e a identificação e diferenciação dos objetos percebidos. (VIRILIO, 1993, p. 12)

O olhar não é mais subjetivo, a visão não é mais uma relação direta do olho humano com o mundo, a fim de apreendê-lo em conjunto ou imagem por imagem, mas percebê-lo só é possível com a interceptação do olho pela câmera. A visão natural se converte em tecnológica; a percepção dos fenômenos naturais ou produzidos pelo próprio homem passa a depender também de todos os efeitos gerados pela luz e pelo movimento.

Segundo Virilio, a guerra, depois da tecnologia do cinema, modifica-se, transformando-se em espetáculo pleno de efeitos sonoros e luminosos. A percepção, a seleção de imagens da realidade, foi reconhecida e aproveitada em função do nazismo por Goebbels, que sabia da sua importância como arma de guerra. A grandiosidade do espetáculo fílmico (as grandes produções)

---

42 BERGSON, Henri. *A intuição filosófica*, 1979, p. 61, NRP 79.

ganha a mesma proporção na guerra: "a grandeza única de uma operação militar consiste no que ela tem de monstruoso".[43]

O ministro da Propaganda de Hitler utiliza-se não unicamente dos efeitos especiais, mas também do filme como narrativa, que cria a surpresa técnica ou psicológica; e, como linguagem icônica em movimento, coloca o espectador, por ilusão, dentro da história narrada. Ou em relação à percepção como conjunto de imagens (Merleau-Ponty) ou procedendo à seleção de imagens por meio de cortes, o fato é que, como Susanne Langer observou a relação onírica do espectador com o filme, esse momento presente de participação e assimilação de uma realidade similar a situações já vividas fundamenta a sedução ideológica de que o poder se aproveita. Com essa finalidade, o nazismo produziu *O judeu Süss*, de caráter tendencioso, e foi exigente em relação a filmes que não atendiam às expectativas técnicas: proibiu a projeção de um filme em cores (*A bela diplomata*), porque ao compará-lo com filmes americanos, achou as cores abomináveis. Investiu, por isso, no aperfeiçoamento do Agfacolor e, em 1943, possibilitou ao cineasta J. Von Braky lançar *As aventuras do barão de Münchausen*, com efeitos especiais.[44]

A relação tecnologia-estado foi de tal modo eficaz que, a UFA (Universum Aktion Film), que completava 25 anos de fundação (1917), "tornou-se o principal complexo de produção, distribuição e comercialização da Alemanha em guerra" (VIRILIO, 1994, p. 16). Virilio observa que a UFA sempre esteve aliada ao grande capital da Krupp (indústria bélica) assim como aos subsídios do Estado. Goebbels, que tivera relação de desprezo para com os profissionais do cinema, depois que toma consciência da importância desse meio, submete atores e diretores ao regime militar alemão. Entre as duas guerras, o ministro enviou cerca de 50 mil discos de propaganda às casas que possuíam fonógrafo e exigiu que os cinemas exibissem curtas-metragens de veiculação ideológica.

---

43 Virilio faz uma citação de J.P. Goebbels (1994, p. 14).
44 É digno de nota também o financiamento feito ao filme *O triunfo de uma vontade*, de Leni Riefensthal.

A imagem na guerra constitui-se um olhar sobre o que se move (VIRILIO, 1994, p. 25). Em vez das sombras serem as aliadas para o ocultamento e a camuflagem, a luz desempenha esse papel, porque condicionada pela tecnologia do cinema (luz e movimento), sua recepção fica restrita ao estado onírico impedindo que a realidade seja percebida. A luz produz a camuflagem da realidade.

Nos Estados Unidos, também, na Segunda Grande Guerra, o Alto Comando Militar acompanhava a produção cinematográfica, quando não o próprio Pentágono era produtor e distribuidor de filmes de propaganda. Conforme Virilio (1994), Luiz Buñuel era visto rodando documentários para o exército americano e as canções e as danças de Fred Astaire convidavam dissimuladamente a uma nova mobilização. Durante a Guerra Fria, o cinema continuou como arma ideológica, porque um sem número de filmes de propaganda ideológica foram produzidos: os ocidentais eram sempre super-heróis, além de sedutores, em luta contra os vilões soviéticos.

Não é somente a percepção que importa durante a guerra: segundo Napoleão, "a aptidão à guerra é a aptidão ao movimento" (*apud* VIRILIO, 1994, p. 19). Na Segunda Guerra, as cenas de dança de Fred Astaire, além do movimento, estavam repletas de apelos visuais, não organizados de forma rítmica como os primeiros objetos fósseis encontrados, mas misturados de forma que a fascinação destruísse a percepção consciente do espectador. O espetáculo da luz junto ao movimento leva à automatização da consciência pelo excesso de estímulos imagéticos, conduzindo à desorganização do campo perceptual que impede o indivíduo de selecionar imagens, pois as recebe como lhe são impostas: previamente selecionadas.

A aviação e o cinema são contemporâneos e, por esse motivo, tornaram-se, nas guerras, simultâneos: o piloto de guerra, ao disparar uma arma, acionava uma câmera. Alterando a percepção, a guerra mistura "as *performances* dos meios de destruição ao desempenho dos meios de comunicação da destruição" (VIRILIO, 1994, p. 45), adultera aparências, distâncias e dimensões. "Na guerra, a realidade não importa: a primeira vítima de uma guerra é a verdade" (p. 61).

O olhar a olho nu não serve mais como testemunho da informação, portanto verdadeiras são as informações coletadas pela câmera, porque a tecnologia, além de colhê-las com mais rapidez e precisão, presta-se à veiculação ampla que não mais abrange grupos de pessoas, mas grandes multidões. Hitler e Mussolini usaram o *slogan*: "A propaganda é a minha melhor arma!" (*apud* VIRILIO, 1994, p. 126), servindo-se da tecnologia de comunicação como arma de guerra. Hitler, em 1934, para realizar *O triunfo da vontade,* fornece a Leni Riefenstahl, um orçamento ilimitado, uma equipe de trezentos técnicos e nove cinegrafistas, para divulgar para o mundo o mito nazista, a partir do registro do congresso do Partido Nacional-Socialista.

Segundo depoimento de Virilio (1994, p. 136): "Os aliados só conseguiram atingir a infalibilidade carismática de Hitler quando se colocaram na vanguarda das técnicas cinemáticas". A guerra da tecnologia do cinema não para quando termina a Segunda Guerra; depois dela, o campo de batalha transfere-se não apenas para a diplomacia que procura resolver a possibilidade de um grande conflito por meio da dissuasão, mas para as salas de cinema com a exibição de filmes de caráter ideológico que buscam a adesão do público para a política ocidental, no mundo dividido.

A tecnologia modificou o mundo e também transformou as guerras porque substitui o enfrentamento físico, o corpo a corpo pelo massacre à distância; as armas automáticas superam as armas individuais (na Primeira Guerra). A força militar preocupa-se com a sua aparência: camuflagem, disfarce, medidas de defesa eletrônicas, interferências radiofônicas etc., e com a imagem que se projeta para a população. Não é apenas a guerra da velocidade e da luz, mas a guerra dos *media*: a imagem do poder torna-se importante como qualquer equipamento bélico.

Da leitura individual e silenciosa, do uso da escrita como poder (a leitura e a escrita eram privilégios de uma minoria); do ato de compreender – desvelar significados camuflados no texto à exposição máxima das luzes, câmera e ação, não é possível saber se a transformação do homem lúcido para tomar decisões e decidir seus caminhos representa uma escolha de cada cidadão, visto que o espetáculo gerado pela tecnologia do movimento e da luz provoca alucinação. Um novo homem aparece: aquele que se presta a compor o espetáculo, satisfeito com o uso extremo da percepção que lhe apaga a consciência, que depende da memória, e condiciona-o como massa de manobra do poder também destrutivo da tecnologia. O *Homo faber* arrisca-se a deixar de ser *sapiens*, pois "plugado" aos *media*, abandona a comunicação como mediadora entre os homens (princípio básico da comunicação) e passa a agir em função da velocidade, do movimento, enfim, do imediato. Mediatismo e imediatismo são duas faces integradas de uma época em que o presente e as sensações do sonho tornam-se mais importantes do que a memória, o passado, cujo fluxo gera a consciência que possibilita decisões que se tomam por meio do pensamento.

Televisão e exercício do poder

A televisão, diferente da linguagem verbal e mesmo do cinema que permitem a formação do público, caracteriza-se por ser um veículo aglutinador e mobilizador da massa. Pelo fato de ser prestadora de serviços (venda, por exemplo), torna possível, de modo eficiente, o exercício do poder. Assim, passamos a analisar-lhe esse aspecto.

A fruição que menos permite o exercício da crítica é a do signo da TV, porque produz um envolvimento tal que favorece a manipulação indiferenciada das massas. O poder que ela exerce com seu imediatismo sígnico – é pura recepção – não permite diálogo. Mobiliza multidões em torno de acontecimentos sociais,

O PODER DO PODER DA COMUNICAÇÃO

provocando efeito catártico globalizador. Por ser uma tecnologia doméstica, está em todas as casas. Os telespectadores reagem emocionalmente com os artistas, jornalistas e outros – que lhes são estranhos –, como se convivessem com eles diariamente.

Além disso, distancia o homem de sua individualidade e identidade pela padronização do comportamento, costumes e da própria linguagem. André Parente[45] observa que a televisão ameaça a subjetividade de paralisia:

> Como não acreditar que um novo regime de controle e poder, com seus suportes de propaganda, suas mídias, seus veículos audiovisuais e televisuais, atue de modo a produzir clichês que circulem do exterior ao interior das pessoas, de tal modo que cada um só possua clichês psíquicos dentro de si, clichês que as impedem de ver as imagens que vêm de fora? (PARENTE, 1993, p. 13)

Assim, a tendência dessa nova tecnologia é a formação de uma consciência única, "um sistema nervoso planetário" (PARENTE, 1993, p. 18), que se manifesta nas redações do vestibular analisadas, repletas de clichês informativos, veiculados pela televisão e escritas como se os sujeitos que as fizeram pensassem de maneira uniforme.

O pensamento é característica da linguagem humana, visto que a relação sígnica verbal entre ambos suscitou simultaneamente a ação no mundo. A intervenção humana sobre o meio circundante não foi programada pela vida como a dos animais; o homem sempre precisou pensar para agir sobre o meio, a fim de dominá-lo. O signo televisivo caracteriza-se notadamente pela recepção perceptiva e passiva; não há ação pensada que dela resulte. As reações são massivas e predisponíveis, conforme as necessidades do poder.[46]

---

45 PARENTE, André. Introdução: Os paradoxos da imagem-máquina, em: *Imagem-máquina: a era das tecnologias do virtual*, 1993, p. 15.

46 CHOMSKY, Noam. A privatização da democracia, em *Folha de S. Paulo*, Caderno Mais!, 9/3/1997, pp. 5-10. O entrevistado comenta a relação entre a mídia e o poder: "[...] Os maiores órgãos de imprensa são empresas enormes que integram conglomerados

Em relação ao tempo, destaca-se a posição de Virilio, que considera que a administração da velocidade e do tempo nos são interditadas pela impermeabilidade do processo de automação da percepção e de industrialização da visão provocada pelas novas tecnologias (PARENTE, 1993). O ato de ver simultaneamente substitui-se pela aceleração: ver depressa. Dadas as nossas limitações visuais, a máquina de visão é destinada a ver em nosso lugar. Conforme analisado anteriormente, o signo verbal, principalmente o escrito, porque vazio (imotivado = não possui qualquer analogia com o referente), desencadeia no ato de recepção o exercício da imaginação, ou seja, as imagens necessárias para preencher o sentido, nós as selecionamos dentre as que foram armazenadas em nossa memória. A televisão inibe esse exercício, porque completamos os sinais luminosos que nos envia; a imaginação acomoda-se, torna-se dispensável, porque a percepção é automática. Além disso, a aceleração do tempo, a velocidade, não dá oportunidade ao exercício do pensamento e, muito menos, da memória; não há tempo para voltar-se sobre o fato do qual nem se recorda para que se pense sobre o conteúdo veiculado: somos chamados a ver outra imagem. O espaço e o tempo, tal como eram concebidos, anulam-se; não são mais do mundo, cujas distâncias se devem percorrer, mas nos são oferecidos e não se fixam; continuamente se alteram. Vemos a metamorfose contínua do espaço e do tempo.

A representação entra em crise, porque surge com ela a questão do tempo, que põe em crise a verdade e o mundo, a significação e a comunicação. Ao tempo da verdade (verdades eternas) se substitui a verdade do tempo como produção de simulacros (o novo como processo) (PARENTE, 1993, p. 19). Há, pois, um fechamento da representação sobre si mesma, visto que sempre programada. Além disso, a televisão é incapaz de encenar

---

ainda maiores. São estreitamente integrados com o nexo Estado-privado que domina a vida econômica e política. Como outras empresas vendem um produto a um mercado. Seu mercado é composto por outras empresas (anunciantes). O 'produto' que vendem é a audiência [...]".

a realidade como tal, limitando-se à torná-la ficção (ela é sempre programada, produzida). O contato visual com a imagem não corresponde mais à percepção do insólito, no campo visual organizado pela nossa percepção não é o diferente que é percebido, mas a imitação na qual o espectador penetra para completá-la.

O contato imediato, acelerado e simultâneo nos faz relegar para o passado, a mediação sígnica responsável pela interação entre os homens e o passado (memória) que se faz história e produz consciência para projetarmos o futuro. O tempo da simulação do real é o tempo rápido da exposição da imagem. Não há tempo para se conceber o tempo.

Tendo consciência das possibilidades de controle, os poderes público e privado lançam mão das novas tecnologias e utilizam-nas estrategicamente para o exercício do poder. Durante a Guerra do Vietnã, iniciada em 1954, o poder de cooptação da televisão transformou os telespectadores em participantes, como afirmava McLuhan, em 1974, mas a população americana, diante das atrocidades cometidas pelos seus soldados, foi às ruas: o governo perdia politicamente e foi obrigado a retirar suas tropas daquele país. O Pentágono não repetiu o mesmo erro durante a Guerra do Golfo, pois, a fim de ganhar politicamente a guerra, não apenas militarmente, produzia *softwares* e os distribuía aos jornalistas, impedidos de exercer sua função. Os Estados Unidos ganharam[47] a guerra eletronicamente como foi mostrado na pequena amostragem das redações do vestibular de 1991. Todos, sem questionar, assumiram a posição imposta pelo controle da televisão americana. Durante a Guerra Fria, a televisão via satélite gerou, em 1972, um conflito internacional: na 27ª Assembleia Geral da ONU, a delegação soviética propôs a elaboração de uma "Convenção Internacional sobre os Princípios de Utilização pelos Estados de Satélites Artificiais Destinados à Televisão Direta", isso porque a União Soviética se via ameaçada pelo ocidente

---

47 SANTOS, Laymert Garcia dos. A televisão e a Guerra do Golfo. *In:* PARENTE, André (Org.). *Imagem-máquina*. Rio de Janeiro: Editora 34, 1993, pp. 155-161.

com a invasão de suas fronteiras ideológicas; estava em jogo o princípio de soberania das nações, firmado após a Segunda Guerra Mundial.[48]

Um dos casos brasileiros mostra bem o poder exercido pela linguagem da televisão, pela centralização do pensamento que é recebida por milhares de pessoas. O pensamento não é direito de cada cidadão: as pessoas não são iguais em relação ao direito de pensar, mas apenas em relação ao ato de receber informações devidamente pensadas. A Rede Globo de Televisão historiada e discutida por Daniel Hertz,[49] em seu livro *A história secreta da Rede Globo*, mostra que a emissora possuía, na época quando fez seu estudo, 80 milhões de telespectadores, retirando do mercado dois terços das verbas publicitárias, abrangendo 98% do território nacional. Cita ainda a famosa frase de Roberto Marinho em entrevista à revista *Times*: "Sim, eu uso o poder", – indicando que a elite o detém, tem consciência da importância do que possui, sabe realmente como usá-lo e qual é a sua eficiência. O caso Globo é conhecido desde a Ditadura Militar, iniciada em 1964, quando ocorreu a expansão da televisão no país, que sempre contou com o apoio de Antonio Carlos Magalhães.

A dimensão do poder, além de ter como um dos princípios o modo de recepção e a abrangência da imagem, não apenas o conteúdo veiculado, possui também a consciência do uso da *media* televisiva como estratégia para a domesticação da massa.

Pudemos constatar a importância da linguagem da televisão para o exercício do poder. Embora não seja apenas esse seu uso, alguns canais de TV a cabo diferenciam sua programação com informações relevantes ao conhecimento. Mas, não são suficientes, embora necessárias para o desenvolvimento do pensamento crítico. Diante dessa situação, indagamos: com a padronização do pensamento, de que modo se pode reagir frente

---

48 Essa proposta não foi aceita pelos Estados Unidos.
49 *Cf*: HERTZ, Daniel. *A história secreta da Rede Globo*.

ao conformismo e à passividade impostas pelo signo televisivo, em favor do poder? É importante uma reação ou vamos aceitar a ideia do surgimento de um novo homem sem memória com novas concepções de tempo e espaço, mas controlado? Como equacionar o problema sem perder a condição humana que se fez historicamente? O *Homo faber* tem que abandonar sua condição de *Homo sapiens* e deixar como privilégio de uma minoria o exercício do pensamento?

O homem inserido na rede da visualidade como o entendemos está perdendo algumas características que o diferenciaram dos animais e que foram razões fundamentais para se lhe constituírem critério de humanidade. Dentre linguagem e fabrico independentes da vida, a primeira é considerada critério de humanidade, porque lhe permitiu desenvolver o pensamento e a intuição; e o segundo possibilitou-lhe a evolução da técnica, o que não aconteceu com os outros animais. Diante do impasse em que a linguagem televisiva nos situa, lembramos com Bergson a importância da linguagem para formação da consciência, a fim de tentar equacionar quais características desejamos preservar diante das novas tecnologias. Seriam a memória e o pensamento, porque são o espaço da reflexão e da crítica diante do exercício do poder?

7

OS EFEITOS DO PODER

Para comprovar a tese de que a linguagem da propaganda nas guerras é responsável por desencadear os efeitos do poder (Foucault), que são os indivíduos da massa, parte das três dimensões do desenvolvimento humano: o fabrico, decorrente do uso das mãos, responsável pela evolução da técnica; o olhar que dirigiu a ação humana para intervenção na natureza e expansão do território; e a linguagem responsável pelo empreendimento, no qual se situa a guerra, que não mais se faz corpo a corpo, por causa da evolução das tecnologias de comunicação. Assim, procura entender esses efeitos realizados por meio das linguagens, visto que culminam nos indivíduos participantes da massa, que reage conforme a intenção do poder, que se sustenta a partir dela, principalmente a visual. Analisa as características da massa formada pelos meios de comunicação tecnológicos nas guerras atuais, ao indicar como se expressam as linguagens a partir do poder. Conclui que, nas guerras modernas, como fez Hitler na Segunda Guerra Mundial, o poder usa e controla as linguagens usadas como propaganda de guerra, principalmente as da TV, para tornar os indivíduos efeitos do poder. Para essa reflexão lança mão do método dialético e tem como

O PODER DO PODER DA COMUNICAÇÃO

fundamento teórico Foucault, Spengler, Canetti e outros estudiosos.

O homem, além de ser *Homo sapiens* e *Homo faber*, possui também uma dimensão sígnica: é *Homo signans*. A partir de seu próprio corpo informa sobre sua opção de vida, sua condição social, suas emoções etc. Dentre todas as suas formas de expressão: a fisionomia, a roupa, os objetos que fabrica e que usa – todos são linguagens –, a que mais o caracterizou é o sistema de signos verbais. A fala, o sopro da vida, deu-lhe consciência de si e do mundo, porque lhe possibilitou desenvolver o pensamento, a fim de conhecer a si, aos outros e à natureza. No entanto, em seu corpo não apenas o ar, que o fez viver e falar, com sua dimensão sonoro-auditiva, lhe foi suficiente para conduzir a vida. Sentiu necessidade de pensar com as mãos e criou outros signos, que projetaram seu pensamento objetivamente: os desenhos que evoluíram para a escrita. Assim, o objeto ausente torna-se presente por mais tempo do que a fala, que se dilui em sua fluidez sonora. No primeiro limiar, o homem cruza a porta da fluidez em direção à reificação da linguagem, cuja dimensão feita primeiramente pelas mãos e pelo olhar, leva-o a conhecer não somente o mundo, mas a sua representação. O homem não permanece no meio ambiente natural, mas dele se distancia para situar-se no meio artificial que inclui os signos.

A representação sígnica visual foi contaminada pelas ações que o homem já realizava com as mãos e com o olhar, quando em estado natural. Os olhos, a partir da bipedia, fizeram com que ele enxergasse mais longe e aumentasse suas metas para ampliar seus domínios; as mãos, usadas para a fabricação de objetos, eram também os seus meios de apreensão, ataque e agressão. Portanto, olhos e mãos carregaram consigo, por ocasião da produção dos signos visuais, as marcas dessas duas atividades: a expansão do domínio e a agressão. Para dilatar seu território, dependia da agressão feita com as garras (as mãos), ou do manejo do instrumento – habilidade das mãos, técnica – com o qual fazia a guerra.

O *Homo signans*, tendo como referência as mãos, que o afastaram do interior do próprio corpo pela produção sígnica, passou a usá-la também para exercer poder à distância, por meio de registros que situavam o comando longe dos comandados. Desenhos, depois escrita, definiram o poder à distância, embora ambos só pudessem ter significado a partir do olhar. Houve, assim, uma convergência entre mãos e olhos, dando suporte ao pensamento que transforma sua fluidez em registros mais duráveis. McLuhan tem razão, quando cita em seu livro, *Os meios de comunicação como extensões do homem,* o mito de Cadmo, que arrancou os dentes do dragão e, quando os atirou ao solo, deles surgiram as letras do alfabeto. Aqueles representavam a agressão transferida para a escrita.

O homem, não apenas modificou a natureza, mas também, com a evolução, por meio do uso das mãos e sempre olhando bem à frente de seu tempo, fabricou objetos capazes de fixarem imagens, com o objetivo de comunicar o pensamento expresso por meio de seu modo de ver o mundo (seu ponto de vista). A imagem produzida por objetos como as câmeras: fotográfica, cinematográfica e televisiva, expandiu o olhar, à medida que lhe aumentou a capacidade física e mnemônica. Embora se deslumbrasse com a própria imagem, ele não utilizou esse tipo de signo (o icônico) apenas para deleite próprio, mas, por meio dele, ampliou seu poder, usando-o intensivamente, para atingir ainda mais suas metas, agora por meio do olhar tecnológico. Logo, ao desejar a dominação (a expansão de seu território) promove a guerra, conforme o alcance desse outro olhar.

Enquanto usa o olhar eletrônico para fazer a varredura completa do território que define como sendo de seus inimigos, sua agressividade se expressa não pelas garras ou pelas mãos, mas por armas teleguiadas que matam com precisão milhares de pessoas. Além disso, direciona o pensamento da sociedade, em que vive, a fim de conquistar o apoio dela. A meta traçada não se restringe ao território a ser conquistado pelo olhar (agora tele-olhar), mas à cooptação da opinião pública, que deve permanecer agregada ao pensamento dos que fazem a guerra. Agora, as mãos, pouco usadas, são substituídas pelo olhar eletrônico dos satélites de captação de imagens, que atendem às estratégias de guerra estabelecidas pelo poder. O mesmo acontece com a população do país que faz a guerra ou com a dos países que a assistem pela televisão: todos apenas olham e recebem passivamente as informações transmitidas pelos donos da guerra.

Portanto, o papel da escola atualmente é levar os estudantes a saberem ler as imagens e, sobretudo, criticá-las, para que não sejam impingidos subliminarmente a dar apoio àqueles que buscam formas cada vez mais eficazes para conquistar o que os olhos eletrônicos conseguem ver, cuja dominação sempre dependerá das mãos dos povos dominados, submetidos ao controle do dominador. Assim, o objetivo desta obra é entender os efeitos do poder que se realizam por meio das linguagens, visto que culminam nos indivíduos participantes da massa, que reage conforme a intenção do poder, que se sustenta a partir dela, principalmente a visual.

A guerra como empreendimento

Se o homem possui originariamente duas dimensões: a do fabrico e a da linguagem, que, conforme Leroi-Gourhan (1987),[50] evoluíram paralelamente, constata-se que primitivamente a luta que ele desenvolvia correspondia a da sobrevivência diante da natureza. Para que isso acontecesse, passou a fabricar utensílios, ou seja, objetos necessários para intervir na natureza, o que, para ser eficiente, teve que se realizar coletivamente. Para tanto, essa ação foi coordenada pela linguagem, necessária ao desenvolvimento coletivo das ações e direcionada pelo olhar, a fim de atingir os objetivos pretendidos.

---

50 Em: *O gesto e a palavra*, afirma que fósseis foram encontrados acompanhados de objetos fabricados com técnica.

A ação sobre o meio estendeu-se à necessidade de dominação, não apenas da natureza, mas também dos outros homens que se tornariam disponíveis à sustentação da luta com a finalidade de ampliar os domínios: território, riqueza etc. Logo, a ação não se limitou à sobrevivência do homem natural em seu meio, mas definiu-se também pelo olhar que o levava a desejar conquistar o espaço já ocupado pelos outros. Em função dessa atuação, a linguagem propiciou a "ação combinada coletiva" (SPENGLER, 1980, p. 77),[51] ou seja, uma ação conjunta entre homens, a qual propiciou também o empreendimento ou organização: "A finalidade primeira da linguagem é desencadear uma ação, em conformidade com uma intenção e com o tempo, o lugar e os meios disponíveis" (p. 81). Em função da expansão do poder, o homem, além de se afastar da natureza, ao criar a artificialidade de processos, teve como consequência uma imensa perda de liberdade de indivíduo natural, ao passar da "existência orgânica à existência organizada, da vida em grupos naturais, à vida em grupos artificiais, da horda à tribo, à classe social e ao Estado" (p. 86). Segundo o autor:

> A guerra surge como empreendimento organizado de tribo contra tribo, com chefes e seguidores, com incursões, emboscadas e batalhas organizadas. Do esmagamento dos vencidos, emana a lei que lhes é imposta. A lei humana é sempre a do mais forte, aquela perante a qual se tem de curvar o mais fraco; e essa lei, reconhecida e instituída duradouramente entre os povos, constitui a "Paz". Assim, o Estado é a ordem interna de um povo com vista aos seus objetivos exteriores.
>
> O Estado corresponde àquilo que é a história de um povo como atualidade. Mas agora como sempre a história é uma história guerreira. A política não passa de um substituto

---

51 Em *O homem e a técnica*, o autor define a ação coletiva combinada: "atos organizados de um número de indivíduos mais ou menos e elevado, em conformidade com um plano".

O PODER DO PODER DA COMUNICAÇÃO

> temporário para a guerra, o qual utiliza armas mais intelectuais. (SPENGLER, 1980, pp. 86-87)

Primitivamente, os homens de uma comunidade constituíam o seu exército. As técnicas de governo, da guerra e da diplomacia possuíam base comum. Assim, o empreendimento que organizava as tarefas e as distribuía entre os membros da comunidade, definia a diferença entre a política e a economia: aquela voltada para o poder e esta, para a riqueza. "E quanto mais dura é a competição para a conquista do poder e da riqueza, mais estrita e rigorosa é a submissão dos indivíduos à lei e à força" (SPENGLER, 1980, p. 88). Em qualquer empreendimento: construções ou navegações, desaparecia grande número de operários, mas o importante era a sobrevivência dos indivíduos que garantiam a coletividade. Em vista disso, as nações se fizeram e as fronteiras foram construídas, "limites dos poderes de cada uma, que despertam os instintos atávicos de ódio, de agressão e destruição" (p. 88). A fronteira sempre é vista como inimiga do desejo de dominação.

A partir da técnica humana, porque evolutiva, multiplicaram-se as invenções acompanhadas da necessidade de novas descobertas, visto que a inteligência humana é insatisfeita e sempre exige mais. Por esse motivo, a ação de um chefe precisava, cada vez mais, de maior número de mãos para concretizá-la e, assim, os prisioneiros capturados na guerra eram subjugados e explorados pela força. O poder, dessa forma, para se ampliar e se sustentar, já dependia das massas.

Logo, embora o homem procurasse preservar sua liberdade individual, diferenciando-se das massas, restavam-lhe duas alternativas: "ou assume a chefia das massas, ou a fuga perante elas; ou o desprezo por elas". A personalidade, segundo Spengler, é um protesto contra a humanidade enquanto "massa", que sente ódio pelo adversário, pois a ele é inerente o reconhecimento da igualdade; pelos seres inferiores (a massa) apenas se sente desprezo. "E esses seres desprezados tornam-se invejosos – a inveja dirige o olhar para cima" (SPENGLER, 1980, p. 91).

A partir da reflexão de Spengler, nota-se que tanto as mãos de que resultou a técnica para fabricar e usar utensílios; quanto o olhar, que estabeleceu o objetivo a ser alcançado; assim como o empreendimento que se fez pela ação coletiva combinada, só possível pela linguagem; além de constituirem-se três características humanas desenvolvidas por meio dos processos artificiais, a partir da evolução que chega até os dias atuais. Portanto, a linguagem atendeu ao exercício de poder, pois separou os que chefiam: estabelecem a meta (traçam os objetivos), dão as ordens e definem a técnica a ser utilizada, daqueles que executam. Como em seu livro a intenção fosse abordar apenas a relação do homem com a técnica, Spengler acaba por não se deter no modo como a linguagem é usada para exercício de poder, mas ao considerar o crescimento das massas, pode-se inferir que a sustentação do empreendimento também necessita de linguagens extensivas (tecnológicas). Então, passa-se à análise da relação do poder com as massas, por meio de outras linguagens que não somente a verbal.

Os efeitos do poder

De modo diferente de Spengler, que afirma que a *"personalidade* é um protesto contra a humanidade enquanto *massa"*, Michel Foucault (1996, p. 183) considera que:

> O poder deve ser analisado como algo que circula, ou melhor, como algo que só funciona em cadeia e se exerce em rede. Nunca está localizado aqui ou ali, nunca está nas mãos de alguns, nunca é apropriado como uma riqueza ou um bem. O poder funciona e se exerce em rede.

Se ele se exerce em rede, "não se aplica aos indivíduos", mas *passa por eles*, uma vez que observa que o indivíduo não é o átomo do poder, mas um de seus primeiros efeitos. Portanto, o poder passa pelo indivíduo que ele constituiu, visto que "um corpo, gestos, discursos e desejos sejam identificados e constituídos enquanto indivíduos, é um dos primeiros efeitos do poder" (FOUCAULT, 1996, p. 183).

Embora se considere o valor do estudo de Spengler que não se centraliza na importância da linguagem para exercício do poder, mesmo ao afirmar que tinha como função, além de dividir tarefas, produzir ordens que deveriam ser obedecidas, a fim de atender ao comando e dividir a sociedade entre a minoria que planeja e a maioria que executa, este capítulo pretende fundamentar-se em Foucault, que situa o indivíduo como um dos primeiros efeitos do poder, porque o reproduz por meio de linguagens: do corpo, dos gestos, dos discursos, assim como de seus próprios desejos. Basta lembrar que, em um exército (exemplo mais evidente de exercício de poder), o espaço ocupado pelos indivíduos que o formam, diferencia-se e diferenciam-nos de acordo com a posição ocupada na hierarquia militar. Da mesma forma, a hierarquia é evidente nas roupas usadas, nos detalhes que contém, na posição ocupada nos desfiles militares etc. O poder não apenas se exerce por meio das linguagens, mas por elas constitui o seu exercício.

Mesmo que a ideia da personalidade como oposição às massas seja o que se pretende na sociedade atual, parece que ainda há uma enorme distância a ser percorrida para que a personalidade se faça marca de individualidade e originalidade. Não interessa ao poder que as individualidades se multipliquem, pois, como já foi esclarecido em outro capítulo,[52] os seus detentores buscam números, visto que é a maioria que os sustenta; do contrário, deixam de ser poder.

No ensaio *Hitler, por Speer,* Canetti comenta a paranoia de Hitler, da qual uma das características era a volúpia por números: "Sua memória por números é um caso à parte. Para ele, os números desempenham um papel diferente do que para os

---

52 "Guerra: verdade, opinião e propaganda", apresentado no INTERCOM de 2004.

outros homens" (1990, p. 188). Ainda ao citar Speer, o autor comenta que o Fürher transferiu sua paixão por números para outras coisas, pois para ele os números deviam ser crescentes, por isso os estendeu às construções em função da ocupação do espaço por maior número de indivíduos. É relevante retomar Canetti, em *Massa e poder*, em que assinala que a massa possui ânsia de crescimento; consequentemente os números também a impressionam. Por isso, ao crescimento numérico e à grandiosidade do espaço para conter as massas, faz-se necessária uma comunicação grandiosa e grandiloquente:

> De qualquer forma, é digno de nota o instinto aguçado que Speer demonstrou, no início de sua carreira, para o desenho de bandeiras gigantescas e para a forma singular de dispô-las. (CANETTI, 1990, p. 189)

Nessa relação, Canetti (1990, p.177) já havia citado a comunicação, a partir dos signos que constituem a cristalização das massas:

> Tudo o mais que contribui para a formação de tais massas (bandeiras, música, unidades perfilando-se como se fazem as cristalizações da massa, mas, particularmente, a prolongada espera pela figura principal) era bastante conhecido por Hitler e seus auxiliares.

Outra característica relevante para essa análise é a repetição regular – característica da massa fechada – que se dá para sua sustentação, ou seja, aquela formada dentro do limite do espaço (a torcida no estádio de futebol, por exemplo) cuja característica importante para a manutenção é retornar ao encontro, como em um ritual religioso, ou como no próximo jogo do campeonato.

O poder de Hitler, por meio da comunicação, estabeleceu-se, uma vez que centralizou seus efeitos sobre os indivíduos, exercendo-se "em rede" – conforme Foucault –, ou em cadeia, a fim de que seu efeito se produzisse nos espaços arquitetônicos, assim como em todos os formatos de propaganda: os gestos, por exemplo, que se associavam aos símbolos; as palavras e expressões que permanecem ainda hoje e que se espera sejam apenas como memória. Porém, como nem uma forma de comunicação pode ficar excluída do processo da ordem do discurso do poder, para que o efeito fosse completo, o uso dos meios de comunicação também assumiu grande importância: a rádio, por exemplo:

> Com a rádio, destruímos o espírito de rebelião. A rádio deve ser propaganda. E propaganda significa combater em todos os campos de batalha do espírito, gerar, multiplicar, destruir, exterminar, construir e abater. A nossa propaganda é inspirada naquilo que chamamos raça, sangue e nação alemães. (GIOVANNINI, 1987, pp. 185-186)[53]

Outro *médium,* usado por Hitler, para compor as massas como efeito do poder, foi o cinema, mas que não foi aceito de início pelo ministro da propaganda, que depois o usou intensamente. A percepção, a seleção de imagens da realidade, foi reconhecida e aproveitada em função do nazismo por Goebbels, que sabia da sua importância como arma de guerra. A grandiosidade do espetáculo fílmico (as grandes produções) ganha a mesma proporção na guerra: "A grandeza única de uma operação militar consiste no que ela tem de monstruoso" (VIRILIO, 1993, p. 14).

Parece-nos que, historicamente, a guerra continua a ser um empreendimento, mas de uma complexidade cada vez maior. Contudo, mesmo que as massas tenham crescido assustadoramente, mantiveram as características apontadas por Canetti. Com o avanço das tecnologias, multiplicaram-se os meios, cujas linguagens destinam-se principalmente durante o Estado de Exceção a atuarem sobre os componentes da massa, para que se tornem "os primeiros efeitos do poder". Assim, torna-se oportuno fazer uma comparação entre o poder e a massa, observando-se os objetivos e as características de ambos que já foram mencionados, tomando como objeto de análise algumas das

---

53 O autor refere-se ao ministro da Propaganda de Hitler, Joseph Goebbels.

linguagens usadas nas guerras contra o terrorismo e contra o Iraque.

As imagens do poder

Nas guerras mais recentes, a propaganda, para produzir efeito sobre os indivíduos que devem constituir a massa, teve uso semelhante àquele adotado pelo Nazismo durante a Segunda Guerra. Embora a massa mantenha muitas características apontadas por Canetti, adquire outras diferente das que possuíam os indivíduos que a constituíram naquele momento. Isso, só foi possível devido ao avanço das tecnologias de comunicação, que possibilitaram o surgimento de novas linguagens para sustentação do empreendimento bélico e possibilitaram aos olhos um alcance bem maior. É relevante observar que, em relação às mãos – a técnica, para Spengler –, a guerra não mais se faz corpo a corpo, visto que se distanciou do corpo, que acabou por adquirir função secundária no mundo atual. Essas novas características serão analisadas e exemplificadas a seguir, porque determinaram as novas formas de se realizar o empreendimento da guerra, cujo fundamento não se faz somente a partir da técnica (uso das mãos), mas principalmente pela tecnologia.[54]

Gilbert Simondon diferencia a técnica da tecnologia: constata que a ténica pertence ao estatuto da minoridade, uma vez que depende de uma relação mais familiar (transmitida de pais para filhos), de contato direto com o entorno, inserida no cotidiano das pessoas etc.; já a tecnologia pertence ao estatuto da maioridade, pois é racional, depende do conhecimento científico e é universal; rompe a estrutura familiar:

---

54 SIMONDON, Gilbert. Em: *Du Mode d'Existence des Objets Techniques*, diferencia "o objeto técnico segundo um estatuto de maioridade ou segundo um estatuto de minoridade. O estatuto da minoridade é aquele segundo o qual o objeto técnico é, antes de mais nada um objeto de uso, necessário à vida cotidiana, fazendo parte do entorno no qual o indivíduo humano cresce e se educa. O estatuto da maioridade corresponde, ao contrário, a uma tomada de consciência e a uma operação pensada pelo adulto livre, que tem à sua disposição os meios do conhecimento racional elaborado pelas ciências: conhecimento do aprendiz se opõe então ao do engenheiro", p. 85 (traduzido do original em francês).

O PODER DO PODER DA COMUNICAÇÃO

> [...] a tecnologia exige um outro meio de expressão outro que vai além da expressão oral, que utiliza conceitos já conhecidos, e que pode transmitir emoções, mas dificilmente expressar esquemas de movimento ou estruturas materiais precisas; o simbolismo adequado à operação técnica é o simbolismo visual, devido a seu rico jogo de formas e proporções. A civilização da palavra dá lugar à da imagem. (SIMONDON, 1969, p. 97)

As linguagens que constituem o discurso por meio do qual o poder se exerce, contam ainda com os fundamentos apontados por Spengler: a linguagem para planejar e ordenar o empreendimento, o olhar para definir o objetivo e as mãos para fabricar os objetos e para usá-los em função da ação pretendida. Só que eles não mais são provenientes do homem, mas das tecnologias decorrentes da evolução (mutação) do mundo orgânico (natural) para o mundo organizado que se fez por meio de processos artificiais.

Se o mundo adquiriu grande complexidade, o empreendimento da guerra nos últimos quinze anos (considera-se a Guerra do Golfo como um marco) diferencia as linguagens que, ao mesmo tempo que se constituem efeitos do poder, são por ele utilizadas para chegar aos indivíduos, à proporção que eles as assimilam e incorporam. Para tanto, é preciso especificar o que a massa atualmente possui de diferença das anteriores para atuar como reiteração do poder que precisa de seu apoio para continuar sendo poder.

Partindo da declaração de Simondon: "A civilização da palavra dá lugar à da imagem", pode-se entender a nova característica da massa. As linguagens visuais que sempre foram colocadas em segundo plano, considerando-se a civilização da escrita, agora, com a televisão e o computador, estão presentes em todos os lares e sua recepção é muito mais numerosa do que a linguagem verbal escrita.[55] Assim, a linguagem da imagem é atualmente a estratégia mais eficaz para atingir o indivíduo e torná-lo componente da massa.

---

55 Autora da pesquisa em redações do Vestibular da PUC-Campinas (vide nota 38).

Embora os grandes espaços ainda propiciem as grandes concentrações, a massa televisiva dispensa-os, porque os indivíduos permanecem em espaços fragmentados – casas, bares, cafés etc. – para recepção das linguagens do poder. Quando elas não são unidirecionais, devido ao caráter próprio da mídia irradiada, realiza-se a suplementação pelas demais linguagens (fotos na mídia impressa, filmes de cinema, emissões radiofônicas etc.) com o objetivo de garantir os efeitos do poder. Os indivíduos não têm como garantir a sua personalidade, pois estão destinados a reproduzir as linguagens do poder, uma vez que são envolvidos por elas. As fronteiras que eram nacionais tornam-se midiáticas: a amplitude da abrangência da mídia define o espaço do poder, por meio dos processos artificiais.

Os meios de comunicação produzem "os cristais de massa" (CANETTI, 1986, p. 78),[56] ou agem como tal, uma vez que são empreendimentos econômicos utilizados para gerar os efeitos do poder em função da constituição da massa. Seriam, pois, um motor importante na ação desencadeada pelo poder, que decide a guerra e do qual essas empresas dependem em situações de exceção.

Outro traço da massa televisiva é a repetição, que acontece não como ritual da massa, mas como componente da linguagem da propaganda. Nas guerras, as ações são únicas e os contextos em que acontecem são sempre diferentes, mas a linguagem, como desencadeadora dos efeitos do poder, impõe-se pela repetição, para que a massa a assimile sem questionamento. Portanto, o ritual faz parte dos discursos que se repetem com insistência, retomando fatos por meio de imagens, palavras, símbolos, músicas que reiteram a conveniência do poder instituído.

Em relação às imagens do ataque terrorista ao World Trade Center, em Nova Iorque, é difícil computar o número de vezes que foram exibidas, por qualquer mídia. Na televisão, as imagens

---

56 "Por cristais de massa eu designo pequenos e rígidos grupos de homens, fixamente limitados e de grande constância, que servem para desencadear massas" (pp. 78-79), cita como exemplo, soldados e monges.

se repetiram continuamente durante anos, acompanhadas pela ancoragem verbal.

Essa divulgação garantiu um dos tipos de efeito sobre os indivíduos, que não questionaram as causas do ataque terrorista, mas aceitaram as imagens da destruição e a consequente retaliação à população civil afegã, como se ela fosse cúmplice da destruição terrorista das Torres Gêmeas. Como se observou, na era da mídia, não é a massa que realiza o ritual, mas a linguagem dos meios de comunicação.

Outra característica desencadeada pelo poder e que também constitui o funcionamento em rede é a coesão da massa. Diante da repetição da informação pelos *media*, a massa torna-se coesa, pois é insignificante o número daqueles que têm informações para discordar do poder que comanda a informação. É relevante o fato de o presidente George W. Bush ter sido reeleito, tendo dirigido sua campanha eleitoral a partir da ameaça terrorista. Esse fato identifica um outro elemento do poder em cadeia, visto que a massa se torna coesa quando a ameaça vem de fora, ou seja, além da divulgação insistentemente repetida, o ataque terrorista – ameaça externa aos Estados Unidos da América – tornou a maioria dos eleitores americanos coesos ao poder.

Pode-se afirmar que o poder tem como objetivo, ao usar a linguagem da propaganda durante as guerras, a domesticação das massas, que, no caso do Ataque Terrorista, foi gerada pelo medo comum a todos, diante da insegurança causada pela ameaça iminente. Atualmente, diante do avanço da tecnologia de guerra, não é importante a distância da meta, a qual se atinge por meio de mísseis teleguiados, tendo como suporte o apoio da opinião pública que legitima o poder desencadeador da ação bélica. No caso da guerra, a vítima é a meta, que foge ou morre. Como já se expôs, o importante é matar coletivamente, não em luta corpo a corpo, mas em ataque teledirigido, por meio do qual a meta é atingida quase totalmente e sem erro.

Logo, as novas tecnologias de comunicação redefinem não apenas as guerras, mas também as linguagens do poder, como a fotografia na Primeira Guerra Mundial, o cinema, principalmente, na Segunda Guerra e, depois, a televisão como um marco: a Guerra do Vietnã foi a primeira guerra televisionada, visto que o poder (Pentágono e o governo Sul-vietnamita) não conseguiu controlar a informação e, dessa forma, o governo norte-americano, ao perder o controle da opinião pública, foi obrigado a retirar-se do Vietnã.

Por esse motivo, a partir da Guerra do Golfo, a linguagem do poder foi controlada pelo Pentágono. O que se via na tela da TV eram imagens limpas, isto é, como se fosse um espetáculo de pirotecnia, pois eram luzes que se cruzavam sob o céu de Bagdá. Conforme as informações recebidas pela linguagem televisiva, não houve vítimas na guerra, e como muito bem afirmou Laymert Garcia dos Santos:

> A realidade é a realidade da imagem que desfila na televisão – só importa o que se mostra ali, no vídeo, a guerra é sem cadáveres, sem sofrimento, mas com muita emoção – um *videogame* [...]. Os telespectadores imóveis, mas mobilizados também têm um papel militar a cumprir, os telespectadores também se tornam soldados, atores do drama. (1993, pp. 169-170)

Pode-se denominá-los massas eletrônicas ou efeitos do poder, cuja linguagem controlada e veiculada pela televisão resulta no consenso em relação à guerra, que não é questionada, mas legitimada.

Isso mesmo ocorreu na Guerra contra o Terrorismo, denominada Guerra do Bem contra o Mal, pelo presidente George W. Bush. A repetição das cenas do ataque, a censura sobre a televisão árabe (Al Jazeera), a compra da captação de imagens e sua divulgação por meio de satélites de alta tecnologia como o Ikonos, enfim, todo o controle das linguagens acabou por justificar a retaliação sobre um povo, cuja maioria, com certeza, não participava da Al Qaeda. Mas a massa nacional norte--americana, diante do medo da ameaça de fora, ficou coesa e nem se quer questionou a ação militar: a guerra contra o Iraque – e reelegeu o presidente americano.

O tema central da Guerra contra o Terrorismo, que foi a ameaça externa, repetiu-se incessantemente como linguagem geradora do primeiro efeito do poder, a fim de manter a massa coesa em torno dessa outra guerra (Guerra contra o Iraque) que não se justificou,[57] mas foi apoiada pelos indivíduos devido ao modo como a mídia, principalmente a TV, veiculou imagens e outros discursos que mostravam a ameaça representada por Saddam Hussein.

Portanto, atualmente o olhar está por toda parte, visto que define a meta (ou objetivo) do poder, não pelo alcance do olho humano, mas pela extensão do olho das tecnologias de comunicação, sejam elas para atingir o alvo que se definiu como meta, sejam como produtoras de linguagem que se repete como um ritual de formação das massas, às quais não se possibilita o questionamento e a crítica. O controle exercido por meio das linguagens tecnológicas rompe fronteiras nacionais a fim de expandir o domínio de quem detém o poder da tecnologia da riqueza e da política.

---

57 O motivo divulgado foi a existência, no Iraque, de armas de destruição em massa que não foram encontradas.

8

LINGUAGENS DO PODER:

O empreendimento como mediação sígnica do poder totalitário com a massa

Michel Foucault afirma que o poder não tem apenas a função de reprimir, mas que é uma rede produtiva que se tece por meio de sistemas de signos e que atravessa o corpo social para conseguir o apoio das massas. Observa também que isso se faz por meio de grandes empreendimentos, linguagens convencionais (terceiridade) do poder, para mediação com as massas, que sentem na recepção dos signos o impacto previsível (primeiridade), por causa da grandiosidade do monumento, que acaba por ocultar os desmandos do totalitarismo. Exemplifica com obras realizadas por Hitler, Vargas e pela Ditadura Militar. Conclui, questionando Foucault, que a História que nos determina é de sentidos que se modificam (mais que belicosa) usados em favor da legitimação do poder.

Em *Microfísica do poder*, Foucault declara que o poder não se exerce apenas pelo cerceamento: não diz apenas "não", mas

produz coisas, induz ao prazer, forma saber, produz discurso. Deve-se considerá-lo como uma rede produtiva que atravessa

> todo o corpo social muito mais do que uma instância negativa
> que tem por função reprimir. (1997, p. 8)

A rede produtiva é tecida pelas linguagens do poder, que abrangem também objetos e espaços que ele fabrica (empresas, monumentos, estátuas e praças), que constrói para representá-lo e que se proliferam no meio social, porque trazem sua marca e impõem sua força ideológica por meio do discurso que produz.

As expressões do poder tornam-se grandiosas, principalmente no Estado Totalitário. Se, conforme Burdeau, o Estado é uma ideia,[58] ele se manifesta por meio dos sistemas de signos que afetam a vida de todos os cidadãos. Portanto, enquanto Estado, expressa-se, de modo a construir uma rede ideológica de relações que pretende o consentimento da maioria dos cidadãos, sem o qual o poder se enfraquece.

A comunicação entre o Estado e a maioria realiza-se pela tessitura das linguagens que o poder produz, a fim de conseguir sustentação em determinado período pela legitimação: consentimento dos cidadãos em relação a suas propostas, e pela duração: permanência além de seu exercício. Determinados sistemas de signos como a fala, a escrita, desenhos (signos icônicos), embora tenham sido mais usados pelo homem, não foram suficientes para satisfazer a sanha de fortalecimento do poder. Assim, este capítulo pretende analisar outras linguagens do poder: a produção de espaços e a construção de objetos – empreendimentos e monumentos – que expressam a grandiosidade do poder, porque, como uma convenção ideológica, tem por finalidade causar impacto na massa, que passa a comentar esses sistemas de signos políticos. O objeto de análise centra-se na construção de obras pelo poder totalitário, as quais produziram discurso que são efeitos dessa expressão do poder sobre os indivíduos.

---

58 BURDEAU, Georges. Em: *O Estado*, 2005, p. 10, afirma: "Não tendo outra realidade além da conceptual, ele só existe porque é pensado".

As convenções do poder

Para realizar seu intento, o poder utiliza-se de mensagens de propaganda divulgadas pelas linguagens humanas, pelos meios de comunicação, que o fazem se expandir em busca do reconhecimento dos cidadãos. Contudo, ele se projeta também no espaço e, consequentemente, no tempo, a fim de produzir coesão social em torno de si, para legitimar-se. A indagação se coloca: por quais meios o poder exibe sua ideologia e como o faz para criar essa rede discursiva em torno de si.

As linguagens ideológicas do poder não se restringem, como já mencionado, àquelas reconhecidas como tais, que consistem em sistemas de signos sonoros: fala, música etc.; ou sistemas de signos visuais: desenhos, pinturas, imagens em geral, produzidas pelas tecnologias de comunicação ou diretamente pelo ser humano. A ideologia do poder faz com que suas obras: empreendimentos e/ou objetos – expressem mensagens que atingem os indivíduos que as assimilam e as propagam.

Segundo Spengler, a grande virada na história do homem foi decorrente não da evolução dos objetos, mas da ação coletiva combinada (ou seja, os atos organizados de um número de indivíduos, mais ou menos elevados, em conformidade com um Plano (SPENGLER, 1993, p. 77). A ação coletiva (empreendimento) pressupõe um plano, a divisão de tarefas, e tem como condição *sine qua non* a linguagem verbal, nascida do diálogo, cujas frases se ordenavam, segundo a conversação entre várias pessoas, que tinham como finalidade o acordo mútuo (p. 80), a obediência ou a concordância, a pergunta, a afirmação e a negação. A finalidade da linguagem era desencadear uma ação coletiva (empreendimento), de acordo com uma intenção e com o tempo, lugar e meios disponíveis. O pensamento, para o qual a palavra é ato de matriz intelectual, realizava-se com auxílio dos sentidos, brotava da prática.

Embora Spengler considere que a grande virada da História dependeu da linguagem, base do empreendimento, e não dos objetos, pois reconhece a importância de ambos. O homem, para obter mais poder, amplia sua superioridade além de suas forças físicas, o que resulta no aumento da artificialidade dos processos (SPENGLER, 1993, p. 84), que exige aumento do número de braços para executar as tarefas necessárias ao empreendimento que se projeta, conforme um plano, e realiza-se pelo comando, por meio da linguagem. O empreendimento se faz por meio de uma técnica de dirigir e outra de executar, com a separação das atividades mentais e manuais (SPENGLER, 1993). A linguagem ao dirigir os empreendimentos diferencia dois tipos de homens: os que planejam (técnica de dirigir) e os que executam (técnica de fabricar).

Contudo, para expandir o poder, o homem procura estender seu domínio por meio da guerra como empreendimento com chefes e guerreiros, batalhas organizadas e objetos de destruição usados de forma adequada. Além disso, impõe-se a lei aos vencidos, perante a qual todos (ou seja, a maioria) deveriam ser iguais, mas que é sempre do mais forte, diante de quem tem que se curvar o mais fraco.[59]

O espaço da dominação não se delimita somente pela realização da guerra, uma vez que para o poder ser exercido é necessário que permaneça, impondo-se à massa por meio de outras linguagens além da verbal, mediação das leis, que são convenções estabelecidas pelo poder e impostas aos indivíduos da massa que as devem aceitar mesmo que as rejeitem. Por exemplo, no Brasil, durante a ditadura, foram emanadas medidas provisórias, cuja convenção não se baseou no acordo mútuo do povo, mas dos detentores do poder.

O poder, além de lançar mão das linguagens do mando em função da obediência, por meio dos signos verbais que se propagam, conforme a época, pelos diferentes meios de comunicação,

---

59 SPENGLER, O. (1993, p. 90). Segundo o autor, quando a lei é reconhecida e instituída por um longo tempo, constitui a paz e a política é um substituto temporário para a guerra, o qual utiliza armas intelectuais.

possui outras convenções para se expandir. Pode-se afirmar, usando os termos conceituais da Semiótica de Peirce, que o poder se exerce a partir da terceiridade, pois usa suas convenções por meio de ações derivadas de códigos que lhe são próprios.

Dentre tantas regras que caracterizam seu exercício, como leis, regulamentos, técnica, encontram-se os objetos e os grandes empreendimentos, diante dos quais a massa reage de forma diferente de como o faz diante das regras impostas.

Os empreendimentos como linguagem do poder

Este capítulo não se propõe a analisar as guerras, uma vez que todos conhecem seus efeitos como poder exercido pela violência, em função do aniquilamento de grandes massas populacionais. Esta análise debruça-se sobre outros empreendimentos mais duradouros, que provocam na massa reações planejadas pelo poder e lhe garantem permanência, além do período de exercício.

No ensaio *Hitler, por Speer,* Elias Canetti (1990, p. 177) constata:

> As construções de Hitler destinam-se a atrair e reter as grandes massas. [...] Em locais enormes, tão grandes que dificilmente podem ser preenchidos, é dada à massa a possibilidade de crescer.

Ao comentar o espaço aberto para conter a massa e seu crescimento, o autor refere-se também às *edificações de caráter cultual* (os templos), que propiciam *a repetição* regular, uma das formas de sustentação (domesticação) da massa. Cita o testemunho de Speer sobre a referência que o *fürher* fez às pirâmides do Egito,[60] enfatizando duas características dessas construções: a grandeza e a permanência. Embora Canetti afirme que elas

---

60 CANETTI, E. (1990, p. 178) – dirigindo-se à mulher de Speer, Hitler diz: "Seu marido erigirá para mim edificações tais como já não se fazem há quatro mil anos". "Ao dizê-lo, ele pensa nos egípcios, particularmente nas pirâmides, não só devido à sua grandeza, mas também porque elas perduraram ao longo desses quatro milênios".

O PODER DO PODER DA COMUNICAÇÃO

funcionam como *símbolos de massa* e acrescente: "As pirâmides são o símbolo que não mais se desagrega" (CANETTI, 1990, p, 177), redirecionamos sua declaração para: são símbolos do poder para a massa. Enfim, signos que, há milênios, atendem à convenção do poder, pois foram produzidos intencionalmente e em comum acordo por aqueles que o constituem, para propagar força e grandiosidade, que se impõem pela permanência. Por isso, impressionam a massa para quem são construídos. O poder deseja expandir-se, exibindo-se calculadamente pela concretude da grandiosidade; é o nível do pensamento, do plano para o empreendimento, que não permanece no projeto e na sua realização, mas culmina com a reação das massas, em que os indivíduos são os efeitos do poder.

Os indivíduos nas massas deparam-se com a amplitude do empreendimento, em nível de primeiridade, porque ele causa impacto, emoção, admiração, para que elas assimilem, em seguida, (secundidade) a individualidade do monumento e, reagindo à sua imponência, comparem-no com outros, comentem sua importância como identidade cultural, social e nacional (terceiridade). Através dele, o poder é perdoado das atrocidades cometidas e, também, reverenciado. Essa expressão do poder é mensurável, porque a disputa entre poderes por meio dos empreendimentos grandiosos dimensiona o vencedor. Exemplo, o Arco do Triunfo, da França, tem cinquenta metros de altura, o de Hitler "terá 120" (CANETTI, 1990, p. 181). Na concorrência pela supremacia do poder, Hitler pretendeu com esse empreendimento suplantar Napoleão Bonaparte (p. 184). O monumento individualiza-se como signo do poder, pois assume outra convenção: a supremacia em relação estabelecida ao monumento francês.

As dimensões do empreendimento, conforme o plano traçado pelo poder, baseiam-se também em outros símbolos: os números – que se traduzem em dimensões e espaços para agregarem em torno de si o maior número de indivíduos da massa, com o objetivo preestabelecido de torná-la coesa em relação à permanência do poder. Portanto, diferentes signos da abrangência da terceiridade são mediadores do projeto, ou seja, a partir deles os detentores do poder calculam o grau do impacto (primeiridade) sobre os indivíduos da massa. Há, pois, sustentada sobre regras para a permanência do poder a intenção da primeiridade, que se fez e se faz por meio dos sistemas de signos produzidos pelo homem social e político, e que conhece o mundo por meio de sistemas de signos convencionais.

Os signos do empreendimento no totalitarismo

Qualquer tipo de sociedade: "humana ou animal, tem a comunicação como base da sobrevivência, ou seja, usa signos independentes da variedade de seu sistema" (EPSTEIN, 1991, Cap. 1). A sociedade animal possui linguagem dependente da programação da espécie, porque atende à convenção instintiva, biológica. Contudo, a sociedade humana, ao se desligar dos condicionamentos naturais no caminho para a evolução, a fim de preservar os laços sociais, estabeleceu sistemas convencionais sociais para qualquer tipo de comunicação, porque nenhuma comunicação se produz sem os vários sistemas de signos.

Como já mencionado, a linguagem verbal foi a base do empreendimento, que atende aos interesses do poder[61] para dominação e permanência. No entanto, o empreendimento político culmina com a realização de projetos arquitetônicos planejados pela ação política.

A partir dos tipos de projeto em que se alicerça, a ideia de poder do Estado: Democrático, Totalitário ou de Exceção, a comunicação também se define, ao mesmo tempo em que se faz mais adequada aos meios pelos quais se processa, como intenção

---

61 BURDEAU, Georges. *O que é poder*, pp. 4-12, o autor explica a existência do poder: Existe poder quando a potência, determinada por uma certa força, se explica de uma maneira muito precisa. Não sob o modo da ameaça, da chantagem etc., mas sob o modo da ordem dirigida a alguém que, presume-se, deve cumpri-la. (Weber chama de *Herrsachft*) e Raymond Aron traduz por *dominação* (Herr = dominus = senhor).

do poder que se exerce, assim como ao modo como o poder considera os cidadãos que comanda.

No totalitarismo, a relação do poder instituído com a população está longe de ter dois fluxos de direção (ida e volta), porque ele somente se implanta quando a democracia se fragiliza devido à descrença da massa para com os partidos políticos, à inflação, ao desemprego, à perda do interesse do indivíduo por si mesmo, ao desprezo pelas regras do bom senso. Tudo isso gera o que Arendt denomina *sociedade atomizada*. As imposições do poder, feitas por meio de sistemas de signos, como os grandes empreendimentos, afetam emocionalmente o homem atomizado, isolado e sem relações sociais normais, que acaba por aceitá-las como sua tábua de salvação.

No Estado Totalitário, para que essa relação se solidifique, as massas são conquistadas por meio da propaganda política, realizada não apenas pelas linguagens dos meios de comunicação de massa, mas também por meio da realização de grandes projetos arquitetônicos.

> Os movimentos totalitários objetivam e conseguem organizar as massas – e não as classes, [...] nem os cidadãos com suas opiniões peculiares quanto à condução dos negócios públicos [...]. Todos os grupos políticos dependem da força numérica. (ARENDT, 1999, p. 358)

O totalitarismo conduz seus tentáculos convencionais por entre a massa atomizada, para que ela o apoie e o reverencie.

A diferença entre os tipos de Estado: Democrático e totalitário – define a diferença dos usos das linguagens escolhidas para a comunicação entre o poder e os cidadãos ou a massa. Para isso, uma das convenções do Estado Totalitário é a opção pela construção dos grandes monumentos: eles chamam a atenção (não há como não vê-los), impressionam e produzem discurso (todos os indivíduos os comentam, fotografam, escrevem sobre eles etc.). Logo, a massa, por meio de outros sistemas de signos, reitera-os, porque eles se tornam objetos de culto massivo e, assim, conforme Canetti (1990), a repetição mantém a massa coesa, em torno da meta, que, definida pelo poder, o que corresponde ao culto à grandiosidade e à permanência do monumento, que se torna identidade nacional.

Por esse motivo citam-se alguns exemplos, dentre os quais o primeiro toma-se da citação que Canetti faz em seu livro sobre a constatação de Speer, referindo-se a Hitler:

> Sua paixão por construções destinadas à eternidade fazia com que se desinteressasse completamente por redes de tráfego, zonas habitacionais e áreas verdes: a dimensão social lhe era diferente. (CANETTI, 1990, p. 182)

No Brasil, os regimes totalitários repetem as convenções de comunicação usadas em outros países, o que comprova a opção dos governos ditatoriais pelos grandes empreendimentos como sistemas de signos, cuja mediação transforma em efeitos do poder os indivíduos da massa. O governo de Getúlio Vargas cria, em 1930, o Ministério do Trabalho e legaliza os sindicatos em 1931; em 1940, a Companhia Siderúrgica Nacional; em 1942, a Vale do Rio Doce e, ainda nesse ano, negocia com os Estados Unidos a fundação da Petrobrás em troca de apoio às Forças Aliadas na Segunda Guerra Mundial; entre 1939 e 1941, inicia-se a abertura da avenida Presidente Vargas, cuja construção contou com a demolição de monumentos históricos[62] etc.

A grande estratégia de comunicação com as massas não foi somente com a criação do Ministério do Trabalho, mas o fato de, em 1943, tê-lo associado à promulgação da CLT (Consolidação das Leis do Trabalho),[63] que representou o sistema de signos absolutamente convencional que atendia à expectativa da

---

62 A Igreja de São Pedro dos Clérigos, cuja construção datava de 1733, foi demolida em 1944. Consulta: <www.suapesquisa.com/vargas/>. Acesso em: 27/8/2007.
63 Vargas fez como fizera na Itália de Benito Mussolini, em 1927, com a criação da Carta Del Lavoro.

massa de trabalhadores. Por isso Getúlio ficou conhecido como "o pai dos pobres" e todos o idolatravam. Os grandes empreendimentos suscitaram adesão, aprovação, legitimação em decorrência desse fato.

Outros exemplos podem ser colhidos da linguagem do empreendimento, que se expressou durante a vigência da Ditadura Militar no Brasil no período da Guerra Fria, quando o regime preocupava-se com a construção da Usina Nuclear de Angra dos Reis (Angra 1) e de hidrelétricas, como Itaipu, rodovias etc. Já se colocavam questões semelhantes a que foi feita por Speer, citada por Canetti. Por que os governos não se preocupam em construir estradas vicinais para escoamento da produção agrícola, perfurar poços artesianos para reduzir o problema da seca no Nordeste ou investir em geração de empregos, para que a massa de imigrantes não seja obrigada a se deslocar para a região sudeste em busca de empregos?

Certamente, essas ações seriam pequenas (sem grandiosidade) e isoladas em espaços pouco significativos, para que o poder tivesse (permanência) e conseguisse cooptar a massa numerosa ao seu redor. Essas pequenas mediações não teriam o mesmo efeito de grandes empreendimentos no centro do populoso espaço urbano, ou a repercussão midiática dos grandes empreendimentos. Essas obras formam saber e produzem discurso, impressionando o indivíduo (primeiridade), motivo por que ele é um dos primeiros efeitos do poder.

A rede produtiva

Os sistemas de signos, as linguagens, são o grande móbil do poder totalitário em busca de legitimação ou de consentimento popular para as ações governamentais e de inibição a possíveis reações de oposição. Logo, os empreendimentos realizados e/ou monumentos são linguagens do poder, visto que suscitam sentidos, a partir dos processos de significação que lhes acrescentam significados, devido à sua permanência.[64] Eles produzem sentidos, primeiramente ideológicos como expansão e fixação do poder instituído, e, depois, adquirem o sentido da identidade nacional, do reconhecimento de quem o produziu, ignorando-lhe as ações negativas. A avenida Presidente Vargas não revela, por exemplo, a perseguição aos comunistas ocorrida durante o governo Vargas, e nem os empreendimentos da Ditadura Militar revelam a perseguição aos integrantes do movimento de esquerda do Brasil. Logo, os empreendimentos do Estado Totalitário materializam-se, são coisas, induzem ao prazer pela sua grandiosidade, formam saber, geram discurso e disseminam-se. Foucault assim se expressa: "O poder deve ser analisado como algo que circula, ou melhor, como algo que funciona em cadeia. [...] O poder funciona e se exerce em rede" (1996, p. 183).

O exercício do poder perpassa todo o corpo social por meio dos sistemas de signos por ele usados, que atingem os indivíduos que se tornam seus primeiros efeitos. Por esse motivo, não se concorda com Foucault (1996, p. 5) quando ele declara:

> Creio que aquilo que se deve ter como referência não é o grande modelo da língua e dos signos, mas sim da guerra e da batalha. A historicidade que nos domina e nos determina é belicosa, não linguística. Relação de poder, não relação de sentido.

Diferentemente do que afirma Foucault, a grande referência para se compreender a história é o sistema de signos, visto que o homem, além de outras denominações, é *Homo signans*, que a tudo dá sentido, mesmo que seja para justificar sua ação belicosa ou para impor sua ideologia. É nesse universo sígnico que ele se impõe por meio de linguagens: objetos ou empreendimentos portadores de sentidos, que se somam e se modificam.

---

64   Refere-se aqui à concepção de sentido apresentada por Umberto Eco em A *estrutura ausente*, assim como por Roland Barthes, que conceitua a significação como processo no livro: *Elementos de semiologia*.

Os empreendimentos transformam-se em símbolos de poder e permanecem, adquirindo outros significados, como os símbolos, na concepção de Barthes. Esses signos, sob o ponto de vista dualista, possuem um significado implícito (primeiro, oculto), ao qual se acrescenta outro explícito, que se generaliza. Como rede produtiva, os signos do poder condicionam-se em determinados períodos e generalizam-se, modificando, porém, seu sentido em outros períodos, em que a massa se relaciona com o poder por meio das linguagens que ele lhe impôs, para discipliná-la pelo discurso. Mas, tempos depois, os empreendimentos grandiosos que ocultam também a submissão e o controle, passam a ter outro significado: o culto e a reverência ao Totalitarismo.

9

A PROPAGANDA POLÍTICA NA SOCIEDADE DIGITAL:

O uso dos blogues como veio da propaganda totalitária e como guerrilha virtual

Na era digital, a sociedade, mediada pelas Tecnologias da Informação e Comunicação (TIC), lança mão de recursos como a internet, cuja mediação entre sujeitos usa a conversa, o diálogo ou o comentário – características da comunicação humana –, a fim de fazer com que a informação "ganhe pouco a pouco os confins da cidade e torne-se artigo de fé". Analisa a importância dessas estratégias, principalmente as de caráter político, que funcionam como legitimação do poder ou como tática de guerrilha para desestabilizar o governo instituído. Afirma que mensagens veiculadas e repassadas carregam consigo a característica do meio: a virtualidade –, assumida como realidade pelos usuários. Fundamenta sua análise nos conceitos de conversação, informação, realidade virtual e guerrilha – que se dissemina no ambiente virtual. Utilizam-se os métodos: o dialético para abordagem do tema, o funcionalismo-estrutural para análise da amostragem e o complexo para inter-relação das diferentes disciplinas que fundamentam a análise. Exemplifica por meio de pesquisa documental, feita na internet. Conclui que a tecnologia, aparentemente dialógica, pode funcionar como guerrilha para implodir o Estado Democrático: de modo unidirecional ao repassar informações totalitárias, que sustentam o poder, ou de modo implosivo para fragmentar a unidade estatal, por meio das guerrilhas virtuais.

A elite e as massas: a opinião e o número

Para situar a importância da opinião, Tarde afirma que "ela está para o público, nos tempos modernos, assim como a alma está para o corpo" (1992, p. 79), e conceitua-a como conjunto de juízos, vontade geral, conjunto de desejos. Ao circunscrever o seu domínio, a diferencia de:

> a) tradição que é o resumo condensado e acumulado do que foi a opinião dos mortos, herança de necessários e salutares preconceitos, frequentemente onerosos para os vivos; e

> b) razão que é o conjunto dos juízos pessoais, relativamente racionais, embora muitas vezes insensatos, de uma elite pensante que se isola e se retira da corrente popular a fim de represá-la ou dirigi-la.
>
> (TARDE, 1992, p. 80)

Ao estabelecer o domínio das crenças (tradição) e dos juízos (razão, pensamento), atribui aquelas às massas e estes às elites: sacerdotes na origem, filósofos, sábios, jurisconsultos: concílios, universidades – etc., que são a encarnação dessa razão resistente e dirigente, que se distingue dos arrebatamentos das massas. Os fatores da tradição são: a própria opinião, a educação familiar, a aprendizagem profissional e a escola; a razão tem como características: a observação, a experiência e a pesquisa, ou o raciocínio e a dedução, baseada nos textos.

As características que Tarde atribui às massas, as coloca no mesmo patamar construído por Althusser e outros estudiosos como Chomsky, ou seja, as massas são o alicerce do poder, uma vez que o sustentam e o movimentam no sentido como ele lhes impõe; ele precisa dominá-las.[65] Tarde declara que juízos e tradições são os alicerces da opinião e que "os indivíduos têm consciência de possuir uma tradição comum e que se submetem de bom grado às decisões de uma razão julgada superior" (1992, p. 80). Por isso, é digna de nota a observação do autor sobre os parlamentos, câmaras ou senados, quando afirma que há grande distância entre o ideal e a realidade das coisas, embora seus membros sejam eleitos para deliberar com independência e controlar a desordem pública.

Outro autor, Patrick Champagne, explica que, na França, no século XVIII, o adjetivo público colou-se à noção de opinião, que representa a dos parlamentares que se opõem à política absolutista do rei, em favor de outra marcada pela transparência, mas constitui-se também a expressão da opinião da elite esclarecida. Ao conceito dessa expressão que significava "o capital específico (a capacidade de raciocinar)" das elites intelectuais, o autor acrescenta que a opinião pública é uma ideologia profissional, porque

> é a opinião manifestada a respeito da política por grupos sociais restritos, cuja profissão é produzir opiniões e que procuram entrar no jogo político modificando-o e transfigurando suas opiniões de elites letradas em opinião universal, intemporal e anônima como valor na política. (CHAMPAGNE, 1996, p. 48)

---

65 Essa visão da maioria que se constitui por meio da tradição (das crenças) recebe diferentes denominações: Althusser (Aparelhos Ideológicos do Estado) denomina-a *classe subalterna*, ou seja, aquela que se constitui *aparelho ideológico do Estado*; Chomsky (*Controle da mídia: os espetaculares feitos da propaganda*, p. 16), retoma a expressão de Lippmann, *o rebanho assustado*.

O PODER DO PODER DA COMUNICAÇÃO

Champagne aponta que a opinião dessa elite tem como característica a desparticularização, ou seja, é apresentada como a opinião da comunidade, da maioria, embora seja a expressão da minoria elitizada intelectualmente (CHAMPAGNE, 1996).

Embora os autores considerem a opinião proveniente da elite, ele observa que, a partir da Revolução Francesa, por meio de manifestações de rua, inicia-se a expressão da opinião popular, que ganha credibilidade quantitativa,[66] uma vez que é a quantidade que estabelece o caráter de credibilidade da opinião, ou seja, ela de fato precisa alcançar os confins da cidade para que alcance o objetivo pretendido pelas elites ou pelos manifestantes populares. Em relação ao caráter numérico da opinião, Arendt (1995, p. 20) também reconhece:

> A passagem da verdade racional à opinião implica uma passagem do homem no singular aos homens no plural. [...] a opinião é determinada pela confiança do indivíduo "no número que é suposto ter as mesmas opiniões".

A opinião, no entanto, só se estabelece se houver concordância de parte das pessoas, em relação aos juízos emitidos, pois, segundo Tarde, a opinião isolada não possui credibilidade, pois como já foi dito, ela precisa ser numérica para que alcance credibilidade. Segundo o autor, a semelhança se realiza por meio da manifestação pela palavra, pela escrita ou pela imprensa.

A mobilidade de opinião face a face

Quando, no fim do século XIX, Tarde conceituou e analisou a opinião, situou a importância da palavra falada e escrita (palavra pública).[67] como aglutinadoras da opinião na Antiguidade e na Idade Média, observando que, no momento em que viveu,

---

66 Segundo Champagne, a palavra "manifestação" só vai aparecer nos dicionários em 1866, quando ainda eram manifestações ilegais, p. 67 em diante.
67 Sobre a palavra pública na Antiguidade, leia-se Jürgen Habermas: *Mudança estrutural na esfera pública.*

isso se fazia por meio da imprensa e das conversações privadas. Segundo o autor:

> [...] no clã, na tribo, mesmo na cidade antiga e na Idade Média, as pessoas se conheciam pessoalmente quando, através das conversações privadas ou dos discursos dos oradores, uma ideia comum se estabelecia, não era casual, mas estava ligada ao timbre de voz, ao rosto, à personalidade conhecida. (TARDE, 1992, p. 84)

A ligação entre as pessoas era face a face, pois se falavam todos os dias e não se enganavam umas em relação às outras. Existiam grupos de opiniões separadas, sem vínculo entre si, mas em outras épocas, após a imprensa, o livro e o jornal estabeleceram essa ligação entre as pessoas. Elas se uniam em torno da imprensa periódica, juntando-se às cegas; o que importava não era a reflexão que faziam, mas o número de indivíduos que reunia. "A imprensa, sem saber, ajudou, portanto, a criar o poder do número e a diminuir o do caráter, se não o da inteligência",[68] afirma Tarde. No entanto, ele reconhece, que o meio impresso limita o poder exercido dos governantes devido à submissão política,

> que acontecia graças a notícias distorcidas, espalhadas de boca em boca, após semanas e meses, por viajantes a pé ou a cavalo, monges vagabundos, mercadores. (TARDE, 1992, p. 86)

A opinião era formada pelo contato face a face entre homem e homem, por meio de relações pessoais e influências recíprocas.

Mas à medida que a sociedade foi se tornando complexa, multiplicava-se os novos contatos de indivíduo a indivíduo, devido principalmente ao jornal que propagou a informação derrubando os limites urbanos, nacionais e continentais, que a tornavam desconhecida além das fronteiras.

---

68 TARDE, 1992, p. 85. O autor revela sua opinião sobre a banalização da informação.

A opinião, esse móbil do qual conhecemos toda a força para o bem e para o mal, não é, em sua

> origem, mais que o efeito de um pequeno número de homens que falam após terem pensado e que formam sem cessar, em diferentes pontos da sociedade, centros de instrução, a partir dos quais os erros e as verdades discutidos ganham pouco a pouco os últimos confins da cidade, em que se estabelecem como artigos de fé. (Carta de Diderot a Necker, em 1775, p. 94)

Por conversação, Tarde (1992, p.95) define "todo diálogo sem utilidade direta e imediata, em que se falar, sobretudo, por falar, por prazer, por distração, por polidez". Dela, são excluídos os interrogatórios judiciários, as negociações diplomáticas ou comerciais, os concílios, os congressos científicos, mas não o flerte mundano nem as conversas amorosas em geral, apesar das transparências de seu objetivo. Ela se envolve por uma atenção espontânea que os homens se prestam reciprocamente e pela qual se interpenetram com profundidade, infinitamente maior do que em qualquer outra relação social. Por esse motivo, desencadeia as seguintes ações: imitação, propagação de sentimentos, das ideias, dos modos de ação.

Um bom conversador é um sedutor no sentido mágico da palavra. Portanto, reconhece a importância da conversação como propaganda de ideias, inclusive como meio de realizar a imposição política. As conversações diferem muito conforme a natureza dos conversadores: grau de cultura, situação social, origem rural ou urbana, hábitos profissionais, religião etc., existindo diferenças também quanto ao tom, formalismo, rapidez da fala e duração.

O livro e, depois, o jornal são meios propulsores da propagação de ideias. A imprensa unifica e vivifica as conversações, uniformiza-as no espaço e diversifica-as no tempo. Para o autor, todas as manhãs os jornais servem a seu público a conversação do dia. Mas, o tema muda diariamente, exceto nos casos de obsessão nacional ou internacional por um tema fixo. Essa similitude crescente das conversações simultâneas, num domínio geográfico cada vez mais vasto, é uma das características mais importantes da época, pois explica em grande parte o poder crescente da opinião contra a tradição e a própria razão. As conversações sucessivas explicam a mobilidade da opinião e o contrapeso de seu poder. A propaganda fazia-se por meio da conversação, realizando-se no contexto da vida, face a face, no mundo real, com o objetivo de se formar a opinião, ou seja, de ganhar o público numericamente, em função da credibilidade de alguma informação. É relevante, no entanto, o papel do divulgador (ou comunicador?) que já possuía características que o diferenciavam das outras pessoas, uma vez que era responsável para fazer com que a informação chegasse aos confins da cidade.

A comunicação mediada: sem rosto e sem história

Do mesmo modo como Tarde valoriza a opinião ao compará-la à alma, nota-se atualmente que ela é ainda a alma da sociedade moderna, ou pode-se afirmar que esse papel cabe à comunicação tecnológica. Quando se pensa essa comunicação, refere-se à televisiva e, a seguir, à comunicação digital, da qual se exclui ainda uma grande parcela da sociedade.

A televisão, até o momento, estabelece a comunicação irradiada que se realiza de modo unidirecional, sem interatividade e, portanto, sem rosto, pois não se realiza face a face. Já aquela via computador, embora também não seja face a face, aparenta ser dialógica, fazendo com que a comunicação atenda a interesses não apenas informativos, mas concomitantemente aos de mercado. A mídia irradiada favorece a formação numérica da "opinião", que não é pensada, logo, não é opinião, mas apenas expressão reiterativa e pesadamente numérica, pela razão explicitada por Chomsky:

> Os maiores órgãos de imprensa são empresas enormes que integram conglomerados ainda maiores. São estreitamente

O PODER DO PODER DA COMUNICAÇÃO

integrados com o nexo Estado-privado que domina a vida econômica e política. Como outras empresas, vendem um produto a um mercado composto por outras empresas (anunciantes). O "produto" que vendem é a audiência; no caso da mídia de elite, que estabelece a agenda para as outras, são audiências privilegiadas.[69]

A tecnologia televisiva é direcionada pela empresa que busca, edita e dissemina a informação fazendo-a se propagar, a fim de produzir a sociedade unidimensional, como a explica a Escola de Frankfurt (ADORNO, 1971). As redes de computadores, embora com uma comunicação menos diretiva, também lançam mão do espaço monopolizador e, ao gerar a realidade virtual, divulgam produtos diversificados, dentre os quais estão informações políticas intencionalmente direcionadas.

Couchot (1993, p. 15) coloca a seguinte afirmação a respeito dessas tecnologias:

> Cada tecnologia suscita questões relativas à sua consistência enunciativa específica que, em última instância, se articula com a produção discursiva de uma sociedade num determinado momento.

Portanto, cada tecnologia define seu modo de produzir uma informação que se articula com a produção discursiva da sociedade, ou seja, a mensagem é definida pelo meio, conforme MacLuhan: "O meio é a mensagem" que interfere substancialmente e ideologicamente na produção discursiva da sociedade.

O jornal era o *medium* gerador da conversação, visto que, a partir dele, as pessoas faziam comentários, por meio da comunicação interpessoal, expandindo o espaço da informação até os confins da cidade, ou ultrapassando-os. A televisão, contrapondo-a ao jornal impresso, amplia o espaço real da informação, levando-a a cada lar, alcançando limites que extrapolam as fronteiras nacionais.

---

[69] CHOMSKY, Noam. A privatização da democracia, em: *Folha de S. Paulo*, Caderno Mais!, 9/3/1997, pp. 5-10.

Dessa forma, ela desencadeia a homogeneização da subjetividade, no sentido que padroniza a informação pela banalização da linguagem, em favor do aumento da audiência.[70] Com a massividade, a televisão também desterritorializa a subjetividade, por meio da recepção, uma vez que altera os modelos de percepção do mundo e estabelece a convenção do ver, do sentir, do pensar etc. Assim, ela situa a todos de uma mesma maneira no mundo da imagem e, ao mesmo tempo, retira a todos do mundo real. A singularização da subjetividade seria em relação ao mundo real?

Porém, o que interessa é apenas constatar que esse meio funciona também como propulsor de conversação, mas de modo reiterativo, uma vez que as pessoas comentam o que é veiculado, servindo de base para a manutenção do índice de audiência; não há espaço para a crítica. A informação não precisa chegar boca a boca aos confins da cidade, porque a tecnologia lá já se encontra.

A conversação acontece sem a crítica, no sentido do radical *krisis*, cujo significado "separação" pressupõe a interferência do pensamento de cada cidadão, para haver debate, porque a informação se questiona pela liberdade de pensamento que se exerce individualmente. Logo, a conversação via TV não é democrática, mas atende a esquemas totalitários de comunicação, pois, além de a informação ser unidirecional, a imagem que também configura a informação não oferece a oportunidade de recepção individualizada, porque ela é industrializada e vem pronta. Portanto, não há necessidade da linguagem verbal para pensar sobre ela, pois ela pensa em nosso lugar, ou seja, ela já vem pensada.

Será que isso também acontece com a imagem veiculada por meio da tecnologia da informação? O computador substitui "o automatismo analógico das técnicas televisuais, pelo automatismo calculado resultante de um tratamento numérico da informação relativa à imagem" (COUCHOT, 1993, p. 39).

A imagem que era projetada a partir do real, torna-se calculada, pois depende de um programa numérico que a ela preexiste

---

70 Vide notas 38 e 56.

e que a transforma em simulação do real. Ela não mais representa o real, mas o sintetiza numericamente por meio do cálculo; institui-se um modelo de produção da realidade virtual e, assim, um novo modelo de percepção da imagem. O indivíduo receptor coloca-se na interface do real e do virtual. A realidade palpável é abandonada: "As imagens incidem sobre as formas de sentir e pensar do homem comum" (LUZ, 1993, p. 49).

Por esse motivo, a realidade virtual determina uma nova forma de relação do homem com o mundo material e com os outros homens, porque tudo passa a acontecer em espaço e tempo definido pela tecnologia da informação. Conforme Wiener,

> informação é o termo que designa o conteúdo daquilo que permutamos com o mundo exterior ao ajustar-nos a ele e que faz com que nosso ajustamento seja nele percebido. (1968, p. 17)

Constata-se que, a partir das TICs, o ajuste se faz na realidade virtual, o que define como nosso ajuste se torna perceptível. "Isto é, um corpo empenha seus esquemas sensório-motores na resposta a contextos virtuais de ação e percepção" (WIENER, 1968, p. 17). Abandona-se a ideia de acontecimento, de história.

Dadas as características dessa tecnologia de informação, ao criar uma nova realidade: a virtual, que se torna o lugar onde a conversação se desencadeia: imagem e texto se acoplam, em função da conversação para disseminação da informação até os confins da cidade virtual, ou mesmo, ultrapassa os limites urbanos e alcança o planeta virtual: de novo a comunicação sem corpo e sem rosto.

A propaganda política pela internet

A Rede de Informação substitui o espaço urbano à medida que a base numérica que caracteriza sua linguagem é homogênea, portanto, universal, pois qualquer usuário em qualquer ponto do universo insere-se nesse mesmo território virtual; mas, ao mesmo tempo, é heterogênea, pois abre o espaço virtual para manifestação das múltiplas subjetividades. Diferente da televisão e do próprio jornal impresso, a internet propicia a conversação que pode chegar aos confins do planeta. Essa conversação internáutica admite a resposta, o questionamento e, muitas vezes, o diálogo, podendo assim favorecer a formação da opinião: por meio da tradição emite a opinião dos mortos, nem sempre onerosa e que ainda permanece entre os vivos; e por meio da razão (atribuída por Tarde a uma elite pensante), cujos detentores lançam mão para represar ou dirigir a massa, que se submete de bom grado às decisões dessa elite.

Embora a rede possa parecer democrática, porque permite a interação, nem sempre seu uso se faz no sentido do diálogo, mas em busca de consentimento para ações políticas com as quais nem todos concordariam, se tivessem acesso ao mundo real das informações. Como exemplo de como se processa a propagação da opinião no meio virtual, retomam-se aqui duas características já mencionadas que direcionam a propaganda política possível de ser concretizada, via internet.

As mensagens veiculadas também se propagam conforme a análise de Tarde, mas carregando consigo as características do meio – a virtualidade –, assumida como realidade pelos usuários. Portanto, as informações políticas veiculadas na internet, que propicia o diálogo e o comentário, podem funcionar de formas distintas: a primeira pode partir do poder instituído em busca da legitimação em qualquer tipo de Estado, prestando-se muitas vezes a um fluxo de mensagens totalitárias, dentro do Estado Democrático, a fim de gerar concordância com o poder e sua permanência; a segunda pode estabelecer-se como um ataque de guerrilha, a fim de atomizar a coesão em torno do poder, com o risco de se impor o totalitarismo. Sobre esses dois tipos de propagação política pela internet, apresentam-se os exemplos a seguir e suas respectivas análises.

O reconhecimento da importância dos blogues como meio de informação assenta-se em notícia veiculada em <oglobo.com>,

O PODER DO PODER DA COMUNICAÇÃO

pela UOL etc., que declara que o porta-voz da Casa Branca: Denny Hastert, resolveu ter o seu próprio blogues. A notícia divulga que

> Hastert diz não ser ainda um homem ligado à tecnologia, mas percebeu a necessidade de fazer um *update*. *Vejo que a internet tem mudado a maneira de compartilhar a informação, este é o futuro* – escreveu o porta-voz no blogue.[71]

No entanto, há também formas de reiterar o totalitarismo por meio dos blogues. Além de os neofascistas e os neonazistas ocuparem seu espaço, há no Google mais de quatrocentas tiras que remetem a eles, embora a maioria delas se manifestem contrárias a essas ideologias, a repetição configura um modo de memorização. Basta lembrar das propagandas que repetem insistentemente os anúncios de seus produtos,[72] logo, a repetição pode favorecer a fixação da importância desses movimentos. Os blogues podem funcionar como veios de escoamento do totalitarismo, mesmo que ocultem essa intenção.

Dentre as informações veiculadas pelos blogues, as que atraem a atenção são aquelas que consistem em ataques ao poder instituído democraticamente, por meio do sufrágio universal. São informações que se assemelham às guerrilhas, muito comuns durante guerras como a do Vietnã e, atualmente a do Iraque e regimes totalitários, como aconteceu durante a Ditadura Militar, no Brasil. Para que se possa fazer reflexão sobre essas ações, conceitua-se "guerrilha" como uma ação planejada por grupos organizados contrários a regimes instituídos de modo democrático ou totalitário. As ações da Guerrilha não correspondem àquelas das grandes guerras, que consistem em ações bélicas convencionais, ou seja, planejadas conforme estratégias (ações planejadas) e táticas estudadas (como executar). Além do plano de guerra, os países em conflito sabem da situação em que se encontram, uma

---

71   <task. blog. com.br>. Acesso em: maio de 2007.
72   O anúncio da Coca-Cola há 40 anos usa essa estratégica publicitária.

vez que a guerra é declarada, ao passo que as ações guerrilheiras são imprevisíveis e inusitadas e, portanto, causam grande impacto. Sua divulgação é espontânea, diferentemente das guerras convencionais, cuja comunicação é controlada.

A propaganda política, em forma de guerrilha, tem como exemplo a ampla divulgação em blogues, como o <task.blog.com.br> – sobre a notícia, divulgada pelo jornal *New York Times*, e reproduzida pelo *Globo Online*:

> [...] o Pentágono anunciou o bloqueio ao acesso de pelo menos 13 páginas da internet, dentre elas, o *YouTube e o MySpace*, alegando impacto direto na eficiência dos servidores e comprometimento da segurança da rede. A informação ainda coloca em destaque o seguinte: A porta-voz do comando estratégico dos EUA, Julie Ziegenhorn, em entrevista a uma publicação militar independente, afirmou que "as redes do Pentágono são usadas para o comando de missões e que, por isso, devem se manter seguras, eficientes e ágeis". Relatou o *New York Times*.

Essa informação propagou-se "além dos confins da cidade", espalhando-se como arma química, a fim de corroer a imagem do Pentágono, que cerceia atualmente a liberdade de expressão. Além dessa informação, outra veiculada recentemente diz respeito à proibição aos soldados americanos presentes na guerra contra o Iraque de se utilizarem dos blogues.

No Brasil, destacam-se alguns blogues de políticos, como o do Zé Dirceu, que não deixa de fazer seus ataques de guerrilha a políticos eleitos pelo voto direto. Por exemplo, em relação à crise da USP, no último parágrafo:

> Enfim, é preciso dialogar e o governo paulista tem de mostrar com clareza o que quer. Se as medidas visam aumentar a eficiência das universidades e dar transparência aos gastos, podem ser aceitas [*há uma crítica ao governo de São Paulo*].[73]

---

[73] Blog do Zé Dirceu. Acesso em: 19/5/2007.

O PODER DO PODER DA COMUNICAÇÃO

Em outra informação, sobre a despoluição do rio Tietê, há outro ataque ao governo paulista:

> Um caso para os tribunais de contas – para o Tribunal de Contas do Estado de São Paulo (TCE), para o Tribunal de Contas da União (TCU) e os Ministérios Públicos do Estado e Federal: depois de 15 anos de obras, 13 dos quais sob o tucanato, o Rio Tietê tem os piores índices de poluição. O que aconteceu com a fantástica obra do tucanato de despoluição do rio Tietê? Nada. Era só propaganda. E propaganda enganosa [...].[74]

Além desses ataques, observa-se o mesmo tipo de ação no *Blog do Jefferson* (Roberto Jefferson), que já conta com mais de 470.000 acessos, com data de 7/5/2006, no qual declara seu voto contrário a Lula e divulga a declaração de voto do cantor Caetano Veloso também contrária à eleição do candidato. Assim, a bomba que explode contra o governo é a declaração de um reconhecido cantor da MPB. Esse "frasco de Antraz" deve ter sido eficiente para a perda de votos de Lula, embora a imagem de Jefferson estivesse tão maculada no momento.

Esses tipos de ataque: as guerrilhas – são tão eficientes no mundo virtual, assim como o podem ser no mundo real. Consiste em uma estratégia política que acaba por fragmentar a opinião pública que se fez coesa, por meio do voto direto para a eleição, tanto do presidente Lula, quanto do governo PSDB, em São Paulo. Não são informações gratuitas, mas absolutamente intencionais, planejadas por um grupo (a elite, os intelectuais detentores da razão) que se posiciona contrário a determinado *status quo* governamental e cuja tática consiste na veiculação em determinado recurso virtual que se propõe à conversação (comentário). A guerra não é declarada porque é feita a partir de estratégias apanhadas das ações políticas recentes, portanto são imprevisíveis e inusitadas e causam impacto, à medida que

---

74   Blog do Zé Dirceu. Acesso em: 17/05/2007.

chegam aos confins da Rede. Possuem também, de certa forma, divulgação espontânea, uma vez que não existe controle, a fim de cercear sua propagação.

Enfim, observa-se que esse tipo de ação corresponde a ataques que possibilitam a fragmentação da unidade nacional, visto que a conversação através dos blogues corre o risco de receber respostas reiterativas às denúncias contrárias ao governo. Por isso, corresponde a uma possível preparação para o Estado Totalitário, cuja ação consiste, conforme Hannah Arendt, na atomização das massas (ARENDT, 1989, pp. 366-368), que aceita o novo líder para guiá-las. Essa atomização é realizada pela propaganda política, cuja finalidade é implodir o governo, a fim de favorecer a aceitação de nova liderança que implante um novo governo. Segundo a autora: "Os movimentos totalitários são organizações maciças de indivíduos atomizados e isolados" (p. 373). Portanto, a propaganda pela guerrilha informativa deve ser numérica; a opinião quebrada em sua coesão deixa de ser fiel ao governo instituído e passa para o estágio de lealdade aos líderes da guerrilha. Essa conversação virtual possui caráter similar àquele apresentado por Gabriel Tarde, mas com a especificidade da tecnologia da informação, que se permite ser usada de forma unidirecional para que o poder exerça controle sobre as massas (atitude totalitária do Pentágono); assim como de forma implosiva, por meio de guerrilhas (blogues do Zé Dirceu e do Roberto Jefferson) que se propagam no espaço virtual, como as conversações, a fim de fragmentar a unidade do Estado, que perde numericamente o apoio com a atomização das massas.

10

A ALTERIDADE COMO VALOR NA COMUNICAÇÃO[75]

A nalisa a alteridade (Levinas) como valor que se realiza pela comunicação. Pontua a linguagem como mediação entre dois seres (o *eu* e o *outro*), cuja relação é dialética; nela há conflitos, a serem mediados pelo diálogo. Observa, na sociedade complexa (Morin), a importância da linguagem para transmissão de conhecimentos e preservação da cultura. Compara com a secundidade (Peirce) que resulta na ideia de comunidade, que se faz pela relação com o outro. Indica que, na sociedade complexa, as Tecnologias da informação e Comunicação (TIC) podem ser usadas para resolver conflitos, pelo uso da informação (Wiener). Comenta a proliferação dos objetos, hoje substituídos pelas informações (não coisas), que o poder usa para se exercer. Conceitua valor (Hessen e Resweber) e situa a alteridade como o principal deles; é informação a ser comunicada pelas TIC. Exemplifica com o anúncio

---

75 Trabalho apresentado no GP Publicidade – Propaganda política (DT 2), evento componente do XXXIII Congresso Brasileiro de Ciências da Comunicação.

"Feira", do banco Itaú. Utilizam-se os métodos complexo e o dialético.

Se a palavra comunicação traz em seu radical o significado de tornar comum, ela pressupõe a existência de mais de um polo de comunicação, ou seja, ela tem como condição *sine qua non* para realizar-se, a presença de, pelo menos, dois seres: um ser emissor (o ego) que constrói uma mensagem por meio de signos; e outro ser, que, de algum modo, será afetado pela mensagem emitida. Assim, é próprio do caráter do signo ser mediação, ou seja, ele se coloca entre dois indivíduos, no meio deles, para que se processe a comunicação; o ato comunicativo é base da sociedade humana, porque alicerça as relações entre os homens.

Portanto, pode-se afirmar que a comunicação existe para o diálogo entre os homens, não apenas por meio da linguagem verbal, mas por meio de todas as linguagens, uma vez que todas elas pressupõem a comunicação. Nesse sentido, recorda-se que "Dialética, na Grécia Antiga, era a arte do diálogo" (KONDER, 2008, p. 7) que definia os conceitos envolvidos em uma discussão, mas, hoje em dia, significa o modo de pensarmos as contradições da realidade que se realiza como processo: ela está em constante movimento. Observa-se, então, que se o ato de comunicação pressupõe o *eu* e o *outro*, como linguagem humana, não é instintiva: ela não responde sempre da mesma forma em situações predeterminadas. Logo, a comunicação é processo dialético, porque pressupõe o tempo todo, a discussão, as oposições, o conflito, que ocorre entre os dois polos, por meio dos signos.

O importante no mundo atual é aceitar o conflito que deve ser mediado pela comunicação dialógica, a fim de que o ser humano reconheça a importância do outro para constituir sua identidade social, manter a civilização e sustentar os valores de que precisa para viver com dignidade. No entanto, a relação comunicativa mediada faz-se de modo diferente no mundo atual, uma vez que a sociedade se tornou complexa, por causa do desenvolvimento humano e da evolução fabricada pelos próprios homens.

A sociedade complexa

Embora se tenha muito respeito pela teoria de Rousseau, não se concorda com o sonho prometeico que reveste sua teoria, quando valoriza o homem em estado natural: "[...] o estado natural seria o mais adequado à paz e o mais conveniente ao gênero humano" (1762, p. 165) –, uma vez que se compreende a comunicação humana como possibilidade, meio do diálogo possível, para que, continuamente, seja propiciada a aceitação do outro, no processo da evolução (civilização) que se faz através de conflitos, que definem o outro como um dos polos da dialética. O próprio Rousseau (1762, p. 30) aponta essa possibilidade por meio do pacto entre os homens:

> Ora, como é impossível aos homens engendrar novas forças, mas apenas unir e dirigir as existentes, não lhes resta outro meio para se conservarem, senão, formando por agregação uma soma de forças que possa arrastá-los sobre a resistência, pô-los em movimento por um único móbil e fazê-los agir de comum acordo.

Contudo, em seguida, discute o contrato social, que não é o objetivo deste capítulo, cuja proposta é fazer reflexão sobre a possibilidade de entendimento entre os homens, por meio da comunicação como mediação. O homem atual vive em uma sociedade complexa, em que os conflitos surgem a todo instante e com grande frequência, mas podem ser solucionados, à medida que se aceite a alteridade como valor presente na comunicação com o outro. Por esse motivo, fundamenta-se em Edgar Morin, apoiando-se também em Peirce, para que se entenda como a visão dialética e dialógica do outro pode favorecer a solução de conflitos, na sociedade complexa.

O primeiro momento da concepção moriniana de sociedade referencia-se da seguinte maneira: "Que é a sociedade, se não um sistema combinatório proveniente da multiconexão entre os cérebros dos indivíduos que a constituem?" – (supersistema nervoso coletivo) (MORIN, 1998, p. 99). Em seguida, o autor passa a diferenciar a sociedade animal da sociedade humana, observando que a primeira reside na memória, logo, "é um patrimônio hereditário" presente em cada indivíduo (p. 100), "reserva de invariância", ou seja, "são programas de comportamento inato, no domínio dos signos e ritos de comunicação interindividual e relação sexual".[76] Todavia, a sociedade humana, marcada pela complexificação do cérebro e da sociedade,

> [...] desenvolve uma esfera, não inata, mas adquirida e transmitida aos indivíduos, de saberes e saber-fazer. As aquisições de conhecimento sobre a natureza, as técnicas do corpo e o fabrico de artefatos, armas, utensílios, abrigos, desenvolvem-se e crescem. As intercomunicações que se desenvolvem suscitam a emergência da linguagem de dupla articulação, a qual passa a permitir a inscrição e a transmissão dos conhecimentos até ao infinito. (MORIN, 1998, p. 105)

Nesse sentido, as regras precisam ser mantidas e repassadas para as gerações seguintes, tendo em vista a organização social que depende da interação entre os indivíduos, a qual se faz por meio da comunicação, que se constitui uma verdadeira esfera cultural, social etc., indispensável à manutenção da complexidade social.[77]

Peirce, embora por outro caminho teórico, mas com pontos de intersecção com as teorias dos estudiosos em questão, porque aceita o homem como ser social, situa-o em uma relação objetiva com a realidade, quando observa que "ela envolve essencialmente a noção de uma *comunidade* sem limites definidos, capaz de um progresso de conhecimento definido" (PEIRCE, 1974, p. 87). Sem dúvida, está evidente nessa afirmação a possibilidade da existência de uma sociedade complexa, devido ao desenvolvimento humano e à consequente evolução social.

---

76 Morin chama neguentropia, esses programas de comportamento dos animais.
77 O autor define a cultura como: "Uma esfera informacional/organizacional que garante e mantém a complexidade humana – individual e social – para além da complexidade espontânea que nasceria da sociedade se esta estivesse privada desse capital informacional/organizacional adquirido" (MORIN, 1998, p. 106).

Embora caiba ao homem a responsabilidade de manter a sociedade e fazê-la evoluir, parece que, em busca de mais poder, ele também se empenha em destruir o outro, fazendo guerras, cujo armamento cada vez mais se aperfeiçoa, em função da destruição da cultura e da civilização que ele mesmo criou. Portanto, é importante que se reafirme a sociedade e a cultura como decorrentes do valor da alteridade, que se reconhece pelas linguagens, que são os meios pelos quais os indivíduos, em contato uns com os outros, adquirem identidade e alicerçam a civilização. Assim, passa-se a analisar a importância da alteridade para a transmissão de conhecimentos, que se constituem valores importantes para a manutenção da civilização, assim como os valores de que dela dependem para a manutenção da organização social, ou seja, principalmente do diálogo em função da paz.

A comunicação na sociedade complexa

No processo de evolução da sociedade humana, segundo Morin, a complexidade humana é garantida pela cultura, conforme já citado, que se sustenta no "capital informacional/organizacional adquirido" (1998, p. 106). A cultura, que não é inata, não se organiza naturalmente, intervém na complexidade humana, pois cria sistemas de organização que definem as interações sociais, que podem se sustentar por meio de regras e interditos, mas que como sistemas podem também estar fadados à desorganização. As formas de comunicação que sustentam as relações de complexidade humana, graças à evolução das tecnologias, que podem ser usadas para a destruição da civilização, ao mesmo tempo podem também se tornar meios de sustentação de valores culturais.

Logo, o uso das TICs, além de atender à produção de objetos para consumo, podem também associar aos produtos, valores éticos em função da sustentação da civilização. Elas caracterizam, pela evolução tecnológica, a sociedade complexa e incorporam novos meios de comunicação que devem ser utilizados para a aceitação dos conflitos, como sugerir a possibilidade de diálogo, para que eles sejam discutidos em função do consenso e da paz.

Por esse motivo, o processo do diálogo em conflitos depende do constante ajuste à sociedade (ao mundo), que, no mundo atual, se faz principalmente por meio da informação, que se entende como o conteúdo da mensagem em processo de comunicação, ou seja, segundo Norbert Wiener (1970, p. 17):

> Informação é o termo que designa o conteúdo daquilo que permutamos com o mundo exterior ao ajustar-nos a ele, e que faz com que nosso ajustamento seja nele percebido.

Como a sociedade se tornou complexa, as TICs atendem às nossas necessidades de comunicação para esse ajuste ao mundo.

Com a complexificação do mundo, porém, a informação passou a ter como referente um número infinito de mensagens distantes do mundo natural, que o substituíram pela representação sígnica. Portanto, a informação se reorganiza a partir de um universo de conhecimentos já transformados em informações. No universo sígnico em que vivemos há uma transferência: procede-se a uma seleção para outra organização de uma nova mensagem. A multiplicidade de informações do mundo moderno requer a organização de novas mensagens, pressupondo a seleção dentre as já existentes; mas se não houver uma organização adequada, coerente, a mensagem não terá a eficiência pretendida.

No entanto, a informação não possui um valor em si, mas como depende das linguagens, depende também, para sua efetivação, do contexto e, principalmente, do reconhecimento do outro para o contínuo processo dialógico de ajuste ao mundo, que, por sua vez, vai se transformando junto aos processos informativos (ele deixou de ser natural) e passou a ser referenciado por uma infinidade de objetos artificiais que se organizaram a partir das informações registradas e, também, como elas. Assim, o diálogo em busca da alteridade passa a ser feito através de meios, que organizam a informação de modo tecnológico, substituindo o mundo natural. Isso porque, com a tecnologia (técnica pensada e universalizada) outras linguagens foram criadas como forma de organização da informação; rádio, cinema, televisão, computador determinaram novos modos de organizá-la e, com a formação das massas, a comunicação que já se modificara com a escrita, e depois com a imprensa, proliferou um sem fim de modelos informativos de ampla e numerosa recepção.

No mundo atual, os objetos (as coisas fabricadas pelo *Homo faber*) são oferecidos pelas informações que atualmente os substituem, visto que se tornaram mais importantes que eles: "Agora irrompem não coisas por todos os lados, e invadem nosso espaço, suplantando as coisas. Essas não coisas são denominadas *informações*" (FLUSSER, 2007, p. 54). Como informa o autor, "todos os valores serão transferidos para as informações", de que se apropriam os detentores do poder, porque possuem "informações privilegiadas" sobre, por exemplo, a exploração de poços de petróleo, as armas de destruição em massa, a engenharia genética, as aeronaves etc., e vendem-nas a preço de ouro aos "povos subdesenvolvidos" (p. 56).

Como as não coisas, na era digital, as imagens dos objetos tornaram-se mais importantes do que eles próprios, que são oferecidos pelas tecnologias digitais, para o *Homo consumans* que se extasia, se envolve emocionalmente e se diverte, propõe-se como não coisa, mas como valor a ser retomado: a alteridade. Ela supõe a presença do outro, real, que, do lado de lá do meio digital, deve ser reconhecido em sua identidade cultural com capacidade crítica de escolha por valores que lhe sejam importantes e não o deixem submerso em um oceano de informações, a fim de que se afogue na banalização. Tendo sido, portanto, dimensionadas as principais características da sociedade complexa, passa-se a esclarecer o que representa o outro como valor.

A importância do outro

Na sociedade complexa, a ideia que se tem da alteridade adquire mais valor, na medida em que os conflitos sociais se tornam mais frequentes e, cada vez, mais acirrados devido ao avanço das tecnologias. Por esse motivo, na sociedade complexa a comunicação se torna primordial para o entendimento entre os homens e, para que ele aconteça, é necessário que se estabeleça o diálogo com o outro, a partir dos conflitos, que podem ser considerados dialeticamente como polos da evolução social.

Analisa-se a alteridade tendo como base Levinas, que no prólogo de sua obra, já declara: "Um significa o outro e é significado por ele, cada um é signo do outro [...]" (2009, p. 14). De início, o autor situa o *Homo signans* que incorporamos à ideia de Morin, que acrescenta à antiga classificação: *Homo sapiens* e *Homo faber*, outras características da abrangência do *Homo complexus*.[78] Logo, a alteridade alicerça-se na e pela linguagem, ou seja, ela nos leva ao outro e a nós mesmos, pela comunicação interpessoal que fundamenta a relação entre os homens em função de sua evolução social, como a comunicação intrapessoal que cria a consciência: ela reúne o passado pela memória, que faz com que possamos fazer as escolhas do presente, assim como projetar o futuro de cada indivíduo, como o da sociedade.[79] Novamente, reitera esse argumento: "A linguagem é a casa do ser" (p. 26).

Contudo, a experiência que abrange todas as linguagens, para Levinas (2009), é uma leitura, ou seja, é processo de significação, cuja importância se integra à mão, maior responsável pelos gestos, como o técnico (exemplo: o fabrico); às linguagens sonoras (a fala, por exemplo) etc. Contudo, nota-se a importância da visão em função de ver o rosto do outro, uma vez que:

---

78 Remete-se aqui à ruptura do enclausuramento do saber, proposta por Morin, quando, considerando a complexidade humana, amplia a classificação do ser humano, em: *Os sete saberes necessários à educação do futuro*, pp. 52-61.
79 Outro pensamento, que fundamenta essa reflexão, é o de Bergson, Henri, *A evolução criadora*.

"O outro homem comanda, a partir do seu rosto –, que não está encerrado na forma do aparecer – nu despojado de sua forma [...]" (LEVINAS, 2009, pp. 15-16).

A cultura depende do outro, visto que é para ele que alguém a produz; é para ele que a comunicação se realiza, pois, por meio dele a significação cultural acontece. Porém, segundo o filósofo, o outro não é significação:

> Ele é primordialmente sentido, pois ele o confere à própria expressão, e é por ele somente um fenômeno como o da significação se introduz, de per si, no ser. (LEVINAS, 2009, p. 50)

Se o outro é o sentido, ele me afeta, questiona e interfere em minha consciência, quando eu o acolho. Outro estudioso: Peirce, reafirma essa posição de Levinas quando entende o homem como signo, mas não ignora que ao universo dos signos pertence a significação e o ser humano detém o sentido porque "o homem tem consciência e a palavra não" (1974, p. 88). Ainda, reconhece a importância da consciência[80] para o desenvolvimento humano:

> O homem signo adquire informação e passa a significar mais que antes. E o mesmo acontece com as palavras. [...] De fato, homens e palavras educam-se mutuamente; cada aumento de informação humana envolve e é envolvido por um aumento de informação das palavras. (LEVINAS, 1974, p. 88)

É preciso ainda observar a importância do outro para a mediação sígnica, que também, para o autor, fundamenta a evolução do homem, que hoje se configura como complexidade humana e, portanto, sociocultural, quando declara que:

---

80 Para Peirce: "Há três modos de consciência de consciência, sensação, EXPERIÊNCIA (experiência significa precisamente aquilo que a história da minha vida me FORÇOU a pensar; [...] e por fim, a consciência do futuro [...] que entra em todas as ideias gerais de acordo com a minha variedade do pragmatismo" (Cap. V, A William James, 1974, p. 115).

> A realidade depende da decisão derradeira da comunidade; [...] a existência do pensamento de agora depende do que virá; [...] depende do pensamento futuro da comunidade. (LEVINAS, 1974, p. 89)

Assim, se a evolução depende da comunidade, sabe-se que a ideia da alteridade está subentendida nos escritos de Peirce, quando vem à tona a conceituação de secundidade, que consiste em reação e/ou relação, envolvendo dois elementos:

> Existir é estar numa relação, tomar um lugar na infinita miríade das determinações do universo, resistir e reagir, ocupar um tempo e espaço particulares, confrontar-se com outros corpos... (SANTAELLA, 2001, p. 47) –, *o que pressupõe a presença do outro, também.*

Para que haja mediação sígnica, de novo reafirma-se a necessidade do outro presente na própria concepção de signo: "Um signo é [...] algo que representa algo para alguém, sob algum prisma" (PEIRCE, 1972, p. 26).[81]

Conclui-se, então, que o próprio ser humano, com seu desenvolvimento por meio das linguagens (não apenas da palavra), sempre viveu em relação dialética com o outro, embora ela, muitas vezes, não seja dialógica, constatando-se que a alteridade sempre esteve e está presente na sociedade humana, vista do modo como a entende Levinas, constituindo-se como valor, que se procura analisar a seguir.

A alteridade como valor na sociedade complexa

De início, concorda-se com que: "Valor é, sem dúvida, algo que é objeto de uma experiência, de uma vivência" (HESSEN, 1946, p. 36). Logo, pode-se inferir que o valor é aquilo que assimilamos a partir de nossa própria vida, vivendo a relação com o outro e, quando se lembra de Peirce, pertence ao homem,

---

81 Refere-se à obra, v. 2, §228.

embora significado pelos signos ou quando se remete a Levinas, pertence ao sentido embora se traduza pela significação.

Ainda, Hessen acrescenta (1948, p. 45):

> No conceito de valor está incluído o da sua referência a um sujeito. Valor é sempre valor para alguém, [...] é a qualidade de uma coisa que só pode pertencer-lhe em função de um sujeito dotado de uma certa consciência capaz de a registrar.

O autor volta a reafirmar depois que o valor está sempre para alguém, o que gera semelhança com o conceito de signo, mas a diferença contundente entre ambos é que este pertence à significação (Levinas) e aquele ao sentido, que é próprio do ser humano.

Nesse sentido, a relação com o outro é o fundamento e a base do valor, o que se pode reforçar por meio de outro estudioso do assunto:

> O desejo funda o valor, alicerçando-o na relação, pois as representações de que se socorre, não são mais, afinal, do que símbolos fundadores do reconhecimento e da reciprocidade. (RESWEBER, 2002, p. 13)

Além de analisar os diferentes tipos de valor: o bem, o belo etc., constata que dos valores "depende a realização de um ideal ético na cultura e na sociedade, mas também na ordem de uma natureza trabalhada pelo homem" (RESWEBER, 2002, p. 17). Embora a sociedade tenha evoluído e se tornado complexa, certamente, o princípio dos valores, como cita o autor (p. 19) está "na experiência da relação intersubjetiva", embora essa relação exista em um novo contexto que valoriza a economia de mercado que mantém a pobreza; que responde aos conflitos por meio de guerras; que se impõe pelo avanço tecnológico e, por conseguinte, pelo desejo de dominação; e que possui novas formas de comunicação.

Dentro desse contexto, os valores dependem das linguagens, que lhes possibilitam a contextualização no campo da significação, determinada por um consenso social, reiterando, portanto, a necessidade da presença do outro que participa da concordância, para que eles se estabeleçam como crença. Assim, a presença do outro (refere-se aqui a outro ser humano), que se reconhece, por meio da relação intersubjetiva, firma o "consenso, dever-ser, lei, reconhecimento do outro, elo intersubjetivo, fundado na partilha dos sentimentos comuns ou da palavra" (RESWEBER, 2002, p. 25). Não seria, então, a alteridade: o reconhecimento e a aceitação do outro, o valor a ser priorizado pela cultura? Certamente, tanto as linguagens: os sistemas de signos (gestos, expressão facial, mídia etc.), quanto os utensílios são meios de comunicação que estão a serviço da instituição e do reconhecimento do outro como valor.

Sabe-se, porém, que na sociedade atual o valor econômico, utilitário, suplanta o valor ético, moral etc., porque o renega em função da *mais valia*, não importando quantas vidas humanas ou de outros animais serão sacrificadas para alcançar esse objetivo. Por tudo isso, abandona-se a consciência, abrigo da memória que pode redirecionar a história, em função da aceitação do outro e de suas diferenças culturais através do diálogo, há muito tempo abandonado, pelos meios de comunicação, cujo objetivo centra-se na manipulação em função de ganhos econômicos e políticos, que atuam em dependência mútua e com reciprocidade, relegando para outro plano qualquer a relação humana.

O maior valor na sociedade complexa se faz a partir da aceitação do outro e pelo outro, porque o egocentrismo ou o narcisismo bloqueiam qualquer atitude do outro como coparticipante do espaço, da liberdade que se deseja conquistar:

> O valor realiza-se, então, como a experiência de uma ação, como o horizonte de um compromisso, como o projeto de uma obra, de um trabalho ou de um empreendimento qualquer. (RESWEBER, 2002, p. 34)

Que pressuponha a colaboração do outro ser, logo a alteridade é o principal valor humano. A aceitação do outro pelo diálogo suscita a aceitação do conflito como componente das diferenças humanas e, por conseguinte, a aceitação do outro com suas culturas específicas, mas também cria relações com outros valores sociopolíticos, como a paz.

Resweber, fundamentando-se em Mounier, pontua que o compromisso é o valor fundamental para afirmação de outros valores (RESWEVER, 2002, p. 77), mas associa-o à aceitação da crítica, que sempre deve ser direcionada ao entendimento. Para isso, em função da aceitação do outro com suas diferenças, a comunicação intervém de forma incisiva, mas não somente a interpessoal, visto que vivemos em uma sociedade complexa que se fez a partir da globalização. No mundo atual, quando se dirige ao outro, ele, muitas vezes, possui um sentido coletivo: público, multidões, massa. Portanto, a comunicação deve buscar o consenso, não apenas em torno do produto oferecido para consumo, mas pela oferta dos valores éticos e morais, como, por exemplo, a alteridade como condição *sine qua non* para a existência da paz entre os povos. Como exemplo de comunicação que apresenta a alteridade como valor, que se concretiza por meio do diálogo, analisa-se a seguir o anúncio "Feira", do Banco Itaú.

O diálogo para a alteridade

O anúncio "Feira" do Banco Itaú, que foi ao ar antes da Copa do Mundo de 2010, feito pela agência África de Publicidade, situa no cenário – como se ele fosse a Faixa de Gaza – uma rua em que acontece uma feira. O conflito se mostra dialeticamente, pela posição oposta em termos de espaço: de um lado, encontram-se os israelenses que vendem seus produtos específicos; e, do outro lado, os palestinos que também, na feira, vendem os produtos típicos da alimentação de seu povo. No contexto da Copa do Mundo, dois meninos, um de cada lado da rua veste a camisa da seleção brasileira. O menino israelense: Jacó – chuta a bola de futebol para o lado palestino e o impacto da bola faz com que um saco de grãos seja derrubado, espalhando-os pelo chão. A cena seguinte mostra o constrangimento causado por esse ato, quando as personagens adultas ficam estarrecidas e paradas. O resultado de uma ação de conflito, no mundo real, resultaria em ações bélicas, mas o futebol é colocado como possibilidade de diálogo entre os povos. O garoto vestido como palestino: Jamal – devolve a bola de futebol em um gesto de relação dialógica entre os dois povos, marcados, na realidade, por conflitos constantes. O locutor anuncia que o futebol une as pessoas.

É digno de nota a necessidade da mediação feita pelo futebol, à medida que o menino palestino aceita o israelense (o outro) e devolve-lhe a bola de futebol, que representa o diálogo que se realiza no confronto existente (antes deles nascerem), entre seus povos, que possuem culturas diferentes.

Observando-se o anúncio, não somente do ponto de vista da narrativa, observa-se que um banco vende seu produto em função da *mais valia*, mas associa ao valor financeiro o valor ético em função da paz, pelo reconhecimento do diálogo possível, quando a alteridade é identificada como valor a se considerar culturalmente e socialmente. Assim, o conflito social dá lugar, por meio da linguagem da publicidade, "aos valores postos em jogo no ritual cultural" (RESWEBER, 2002, p. 94). Ou seja, conforme Levinas, é a responsabilidade pela liberdade do outro, à medida que o ego se abre para ele e o recebe.

11

O PERCURSO DO HOMEM ATÉ A GLOBALIZAÇÃO:

O fabrico, a linguagem e o consumo

Trata da complexidade humana e analisa a evolução do homem até a globalização, que se assenta sobre três características dele: o fabrico, a linguagem e o consumo. Situa, inicialmente, aquelas apresentadas como bases dessa evolução, por Oswald Spengler, cuja visão considera simplificada diante da complexidade humana. Portanto, opta pela teoria de Edgar Morin, cuja visão da complexidade não se restringe a áreas científicas especializadas, que, além de causarem seu próprio confinamento, acabam por limitar também os seres humanos ao enclausuramento científico. Acrescenta às múltiplas características humanas enunciadas por Morin (*Homo demens, Homo ludens, Homo consumans* etc.), a visão do homem como *Homo signans,* ou seja, homem que foi, e ainda é capaz de produzir linguagens independentes da vida instintiva, que define a linguagem animal. Porém, essa característica humana possui interdependência com todas as outras citadas pelo autor. Nesse sentido, opta por analisar três delas: o fabrico, o consumo e a linguagem em função do percurso do homem até a globalização.

O PODER DO PODER DA COMUNICAÇÃO

Observa que as três características, em análise, se acrescentaram ao homem, por causa da evolução, que o inseriu em um sistema diferenciado daquele em que se situam os outros seres vivos (sistema predominantemente natural). Ainda sob o ponto de vista evolutivo, estabelece uma breve relação entre o fabrico e o consumo desde o artesão (conforme Gilbert Simondon), que fabrica para o consumo: uso diário e para atender suas necessidades básicas, até as tecnologias, quando a imagem se torna importante para a proliferação de objetos, cujo fabrico e uso são movidos pela insatisfação humana, usada pelas linguagens tecnológicas em favor do consumismo, cuja finalidade corresponde ao aumento do lucro. Por isso comenta que a linguagem, além de ter importância para o fabrico, sempre foi fundamental para o consumo e o fato de que, com o avanço da tecnologia e a presença marcante do consumismo, essa importância se acentua cada vez mais. Demonstra, pelo avanço tecnológico, a convergência (ou confluência) dos objetos e da linguagem, que antes era subjetiva (expressa pelo próprio corpo: a fala, os gestos); depois, com a escrita e o desenho se torna objetiva (lançada fora do corpo), por meio da técnica (produzida pelas mãos); e, finalmente, excede em objetividade, no momento em que passa a ser mediada por objetos tecnológicos, cuja produção de linguagens se acelera em função do consumismo. Acentua-se, portanto, a interdependência entre essas características, no sentido de que o homem se torna objeto de sua própria insatisfação, criada pelas linguagens que expressam seus sonhos e necessidades e que, como consequência o conduzem ao consumo desmedido. Faz a relação desse desenvolvimento com o processo de Globalização, no qual a expressão da informação (das não coisas, conforme Vilém Flusser) é mais importante do que os objetos, porque agora se torna objeto do sonho e, portanto, da necessidade humana, tendo como consequência outro tipo de consumo: o da informação. Essa interdependência com uma única mão de direção: o poder (econômico, político etc.) reduz o homem à massa, acelera o desaparecimento da própria identidade e da cultura local em favor da globalização. Comprova, por meio de pesquisa realizada em redações escritas para os exames vestibulares, quando são repetidas informações veiculadas pela TV e cita, a partir de observação, a repetição, em trabalhos de aproveitamento, de palavras escritas de forma errada, como se escreviam no Orkut. Conclui com o questionamento do avanço tecnológico devido às suas consequências negativas sobre o homem, que acaba por se situar na padronização, esquecendo sua própria história. Usa o método complexo (Morin), o pensamento dialético, dentro de uma visão interdisciplinar, pelo fato de a abordagem basear-se em filósofos, sociólogos e estudiosos da comunicação (Ciências Sociais Aplicadas). "A sociedade modela o seu comportamento com os meios que o mundo material lhe oferece" (LEROI-GOURHAN, 1990, p. 149).

As características humanas na sociedade complexa

Em sua obra, Oswald Spengler (1980, p. 61) afirma que:

> O homem se fez homem graças à mão, que é arma sem igual no mundo dos seres que se movimentam livremente; basta que com ela comparemos a pata, o bico, os chifres, os dentes e diversas extremidades das outras criaturas.

Além disso, é nela que se concentra o sentido do tato: ela identifica os objetos no espaço, ao mesmo tempo em que concentra em si o dinamismo vital: tateia e age. Ao lado da importância das mãos para o tato estão a visão para os olhos e a audição para os ouvidos.

Spengler, ao analisar a visão do homem, que considera um animal predador, atribui importância aos olhos, que lhe propõem uma mira ou meta, pois lhe oferece "a percepção de uma imagem, de algo que se estende perante olhar" (SPENGLER, 1980, p. 53). Esse órgão dos sentidos revela objetos, formas, cor e luz, perspectivas, posições, o próprio espaço com os movimentos que nele acontecem. São os olhos que definem o desejo de controle do espaço, de ampliação do domínio territorial: "A imagem do mundo é a de um mundo circundante dominado pelos olhos" (p. 54).[82] Mas, à visão do predador, responsável pelo domínio do espaço, junta-se a mão, que domina na prática esse mundo. Segundo o autor, junto à mão, o porte vertical da cabeça e a posição ereta (a bipedia) surgiram dos utensílios; os mais antigos vestígios do homem estão acompanhados por esses objetos que ele fabricava para seu uso.

No entanto, o autor situa a importância da linguagem ao lado da técnica (produção e uso de objetos), para a evolução humana, uma vez que, por meio dela, os homens puderam organizar-se (ação coletiva combinada), a fim de executarem um plano. A linguagem, inicialmente, tinha uma finalidade prática, mas, em função da evolução humana, ela passa a ser a base do pensamento, pois foi por meio dela que o homem passou a pensar sobre os objetos que fabricava, a fim de que pudesse impulsionar o desenvolvimento técnico, que fez com que chegasse à tecnologia: "Técnica pensada e universalizada" (SIMONDON, 1969, Cap. I).

Essas duas visões iniciais do homem, sem dúvida, fundamentam o desenvolvimento humano e a evolução social, mas não são as únicas a levarem-no à complexidade que o caracteriza atualmente. Como *Homo sapiens*, ele se caracteriza pela racionalidade, que, por meio da linguagem, fez com que se tornasse ser social, desenvolvendo o pensamento; ao passo que a

---

82 Para Spengler, não é a visão que diferencia o homem dos outros animais, conforme a autora deste artigo analisou na tese de doutorado: "A mente controlada", defendida em 2001, na FE da UNICAMP/Brasil.

segunda característica (*Homo faber*) o identificou como criador de objetos responsáveis pelo seu afastamento da natureza e consequente construção do mundo artificial, também chamado civilização. Embora ambas sejam bases da civilização e do pensamento, são insuficientes para caracterizar o ser humano visto em sua complexidade no mundo globalizado. Edgar Morin atualiza esse modo simplificado de ver o ser humano, porque em seu processo de evolução incorpora, em sua humanidade, outras características, pois também desenvolve "atividades utilitárias (*Homo economicus*), necessidades obrigatórias (*Homo prosaicus*)" (MORIN, 2004, p. 58). Nesse sentido, ainda acrescenta que:

> O homem da racionalidade é também o da afetividade, do mito e do delírio *(demens)*. O homem do trabalho é também o homem do jogo *(ludens)*. O homem empírico é também o homem imaginário *(imaginarius)*. O homem da economia é também o do consumismo *(consumans)*. O homem prosaico é também o da poesia [...].[83]

Com a ruptura do enclausuramento científico, ou seja, das especializações que também se aplicam à visão das características humanas, Morin deixa de lado a que considera o homem também como *Homo signans*, mas ela fica pressuposta em sua teoria do *Homo complexus*. Assim, pode-se retomar a importância da comunicação, cuja base é a linguagem, para que se manifeste e se registre a complexidade humana. Logo, se o homem é um ser complexo, o fato de ele ser *Homo signans*, acrescenta-lhe a expressão do desejo, do sonho, do jogo, da loucura, da emoção, do consumo etc.

Certamente, quando Morin estabelece a relação dialética (de oposição) entre as características do ser humano, podem-se observá-las, a partir, não somente de uma relação de exclusão alternativa, ou se é sábio ou se é louco, mas a partir de uma integração hipotética, visto que uma característica pressupõe

---

83 Morin denomina-o *Homo prosaicus* (já citado anteriormente) e *Homo poeticus*.

a existência de outra, ou seja, o *Homo consumans* é condição *sine qua non* para a sobrevivência e evolução do *Homo faber* na sociedade complexa. Se assim não fosse, a civilização teria permanecido estagnada. Da mesma forma, as características humanas apresentam-se de modo integrado em função do equilíbrio humano, pois quando uma delas se exacerba, ocorrem crises humanas, sociais, políticas etc. Como exemplo, quando a produção e o desemprego aumentam também, a característica de *Homo consumans* fica reduzida, o que abala ou enfraquece o *Homo faber*, isto é, enfraquecem-se as consequências econômicas dessa marca humana, o que resulta em crise, não apenas econômica, mas, sobretudo, humana. Da mesma forma, se a demência humana suplanta a racionalidade, surgem as guerras, aumenta a miséria etc. Logo, as características humanas tornam o homem capaz de agir para a manutenção e o bem-estar da civilização, assim como para sua destruição.

Em seguida, são analisadas as características humanas objeto deste capítulo: o fabrico, o consumo e a comunicação (*Homo faber, Homo signans* e *Homo consumans*), uma vez que se pretendem entender suas consequências na sociedade complexa, globalizada, ou seja, a fabricação de objetos, que, em função do consumo, necessitam de comunicação.

A confluência entre o fabrico e a linguagem

A evolução, sem dúvida alguma, é responsável pelas características que se incorporaram ao ser humano, distanciando-o da natureza. O fato de o indivíduo humano ser *Homo faber*, levou-o a produzir um mundo artificial, cada vez mais distante de sua própria condição natural, uma vez que sua intervenção na natureza deixou de ser realizada pelo próprio corpo, passando a se fazer por meio de objetos, ou seja, coisas "lançadas para fora do corpo".

Os objetos acompanharam o hominídeo, pois estudos arqueológicos indicam que as escavações revelaram que os homens-fósseis eram encontrados com objetos, cuja técnica primitiva pontua o início do processo da perda humana de sua condição natural.[84] Quando Leroi-Gourhan (1990) analisa os critérios de humanidade, situa a base da evolução humana na bipedia, porque liberou as mãos para a captura do alimento, assim como a face, que favoreceu o desenvolvimento da linguagem. Nesse sentido, o autor, procurando unificar os critérios de humanidade, comuns aos homens e respectivos ancestrais, afirma que: "Posição ereta, face curta, mão livre durante a locomoção e posse de utensílios amovíveis, são verdadeiramente os critérios fundamentais de humanidade" (p. 32). Ele, ainda, ao analisar o desenvolvimento neuropsíquico, tendo em vista a evolução do cérebro humano, constata que houve mais do que um aumento de volume, por causa da "íntima relação entre a mão e a face que se traduz em utensílio para a mão e linguagem para a face" (p. 26). A fim de esclarecer essas afirmações, faz-se uma comparação entre o macaco e o homem, a partir do autor, em relação às ações coordenadas da face e da mão:

	NO MACACO	NO HOMEM
FACE	Mastigação e deglutição	Mastigação e deglutição
	Alguns gestos de mímica	Fonação organizada em linguagem (Também possui gestos como linguagem)[86]
MÃO	Preensão e preparação alimentar	Preensão e preparação alimentar
	Ataque e defesa	Ataque e defesa
	Locomoção	Não interessa à locomoção
	Limpeza de piolhos	Órgão de fabrico

Leroi-Gourhan constata também que a coordenação entre a ação da mão e os órgãos anteriores da face, no homem, possui forte ligação para o exercício da linguagem: "Ela se exprime

---

84 O período quando se resolve a evolução dos vertebrados superiores situa-se entre 200 e 500 milhões de an
os antes de nossa Era e as primeiras formas são "ínfimas criaturas de meados da era secundária, que levam cerca de 100 milhões de anos para darem origem à onda dos mamíferos da Era Terciária" (LEROI-GOURHAN, 1990, p. 54).
85 Quadro da tese de doutorado (elaborado pela autora): "A mente controlada", defendida em 2001 na FE/UNICAMP.

no gesto como complemento da palavra e reaparece na escrita como transcrição dos sons da voz" (LEROI-GOURHAN, 1990, p. 88). Isso significa que o autor observa a dependência mútua entre essas duas características, alicerces do desenvolvimento humano e de sua evolução social. Portanto, quando se refere ao gesto como complemento da palavra, na escrita, que é expressão da linguagem de modo objetivo, porque ela se distancia do corpo, confirma a confluência entre linguagem e fabrico, que, em dado período da evolução humana, se concretiza pela linguagem lançada fora do corpo, por meio da técnica, como sempre foram os objetos.

Mas, o homem não se satisfez apenas com a fabricação de objetos para seu próprio uso, no sentido de que deles precisava para a sobrevivência (caça, pesca, recoleção etc.), proteção contra a natureza e predadores naturais (abrigo, ataque e defesa), para o uso diário (utensílios), entre outros, visto que, quando passa a viver em grupos, os objetos passam a ser difundidos fora do âmbito dos clãs. A linguagem continua a ter relação intrínseca, não apenas com o pensamento prático de fabricação do objeto, mas também o coloca em uma relação social maior entre os homens que dele necessitam. Antes, porém, de analisar a mediação da linguagem para a multiplicação e uso do objeto técnico, analisam-se os modos de relação do objeto com o homem.

Conforme Simondon, essa relação pode ser de dois modos: segundo o estatuto da minoridade e segundo o estatuto da maioridade. Assim, explicada pelo autor:

> O estatuto da minoridade é aquele segundo o qual o objeto técnico é, antes de tudo, necessário à vida cotidiana, fazendo parte do entorno por meio do qual o indivíduo cresce e se forma. (SIMONDON, 1969, p. 85)

Para Simondon, o saber técnico, sobre o qual não há reflexão (pensamento),[86] faz parte da rotina diária, do costume.

---

86 O autor associa-o à intuição, à prática, ao dia a dia.

> O estatuto da maioridade corresponde, ao contrário, a uma tomada de consciência e a uma operação pensada do adulto livre, que tem à sua disposição os meios do conhecimento racional elaborado pelas ciências: o conhecimento do aprendiz opõe-se ao do engenheiro. (SIMONDON, 1969, p. 85)

Nessa linha de reflexão, a técnica (o fabrico e o uso) como própria do artesão possui esse conhecimento sem reflexão, para uso no dia a dia; já o segundo se situa na tecnologia, isto é, a técnica pensada: "É o conhecimento racional, teórico, científico e universal" (SIMONDON, 1969, p. 92).[87]

Há, portanto, uma diferença entre o fabrico de objetos pelos artesãos, cujo conhecimento passava de pai para filho, por meio da linguagem familiar e a produção, a partir do conhecimento tecnológico. Enquanto o conhecimento da técnica fica restrito aos meios familiares, ou às pequenas comunidades, a tecnologia representa a capacidade de produção de quantidades, cada vez maiores, de objetos, devido à maior divulgação da reprodutibilidade técnica que se fez pela comunicação da linguagem escrita.

A Idade Média revela-se, por meio da produção de excedentes, como o primeiro momento de necessidade de expansão do conhecimento, do mercado e, enfim, de ruptura dos esquemas restritos às condições de subsistência familiar. Na Renascença, para o autor, inicia-se a expansão do saber técnico, da mesma forma como o homem expande seus limites territoriais, iniciando com as grandes navegações a conquista de novos territórios. Todavia, foi o século XVII que produziu a Enciclopédia, que universaliza o conhecimento técnico. Durante o Iluminismo (século XVIII), porém, foi o pensamento científico que liberou o técnico e as indústrias se desenvolveram graças à racionalização.

---

87 Simondon cita, como melhor exemplo, a Enciclopédia de Diderot e Alembert.

Em relação à comunicação, sabe-se que:

> A tecnologia exige um outro meio de expressão que não o verbal, que utiliza conceitos já conhecidos e que pode transmitir emoções, mas dificilmente exprimir esquemas de movimento ou estruturas materiais precisas; o simbolismo adequado à operação técnica é o visual com seu rico jogo de formas e proporções. A civilização da palavra dá lugar à da imagem. (SIMONDON, 1969, p. 97)

Há, portanto, no processo civilizatório, um paralelismo ou concomitância de coexistência das características humanas, que se modificam de acordo com a ideia de ampliação do domínio do espaço, que se acentua com as navegações (séculos XV e XVI), só possível com o avanço das técnicas, evoluindo já para a condição de tecnologia. Além disso, o homem, que fabricava objetos artesanalmente, já iniciara o processo fabril. O mundo, paulatinamente, vai alterando suas características específicas locais, para expandir-se para o global, por meio do fabrico e do desejo de ampliar seu domínio (característica da visão).

Comentaram-se, até então, o fabrico e a linguagem verbal como associados em função da própria produção, mas a escrita também depende de técnica aprendida, diferentemente da linguagem visual, que é capaz de comunicar com precisão e sem aprendizagem prévia como fabricar os objetos técnicos, cujos esquemas se tornam mais precisos pela imagem, possibilitada pela visão. Mas, os objetos na comunicação não se fazem importantes apenas como fabrico, e sim também como direcionados ao consumo, visto que sem essa característica aquela não teria evoluído, uma vez que a produção de objetos sempre esteve condicionada ao consumo.

A interdependência entre o fabrico e o consumo

A palavra "consumo" é registrada no *Dicionário UNESP do Português contemporâneo* (2004, p. 332-333) como: "1 – utilização; gasto; 2 – aquisição de bens necessários à subsistência – (o consumo está diretamente relacionado com o poder aquisitivo da população); 3 – gasto com alimentação: Naquele ano a lavoura produziu o estritamente necessário para o consumo da família". O primeiro verbete deixa claro que a palavra remete ao processo de uso, ou seja, aquele que pressupõe que o objeto usado se desfaz, acaba devido ao manuseio, ao desgaste do tempo etc.; o segundo limita o significado à necessidade e à subsistência; o terceiro cita um exemplo. Há, portanto, palavras-chave básicas para a ideia de consumo: aquisição, bens, necessidade e subsistência, às quais se pode acrescentar utilidade.

Como o ser humano é *Homo faber*, em consequência, assume o consumo dos objetos que produz, por causa de suas necessidades de uso em função da própria subsistência. Nesse sentido, lembra-se que o homem primitivo, ao começar a produção de objetos, tinha, como finalidade primeira, sua intervenção sobre a natureza. Gourhan situa o início dessa atividade entre "o terciário final e o começo do quaternário" (LEROI-GOURHAN, 1990, p. 68). Os objetos produzidos pelo homem primitivo denominam-se utensílios e, segundo esse autor, para serem fabricados dependiam de técnica, por exemplo, quanto ao corte do sílex. Como atividade do homem primitivo, correspondia ao consumo para atender às necessidades primárias, como a subsistência, a proteção, a defesa, e a principal função dos objetos era a utilidade; correspondia à satisfação de suas necessidades imediatas do dia a dia. Contudo, "a relação com o mundo natural foi perdida e o objeto técnico tornou-se objeto artificial que distanciou o homem do mundo" (SIMONDON, 1969, p. 87).

O desenvolvimento humano está associado à ideia de progresso, que se baseia na evolução técnica e, depois, na tecnológica. Portanto, os objetos técnicos, por causa do avanço científico, passam de utensílios a instrumentos (século XVIII), que evoluem para indivíduos técnicos (século XIX) e, no século passado, caracterizam-se pela automação. Nesse sentido, também a concepção de consumo se modifica, devido à expansão do fabrico com a proliferação e universalização também dos objetos, culminando na sociedade complexa, globalizada.

O progresso da tecnologia não caminhou apenas no sentido do fabrico. Nesse processo, a comunicação sempre esteve presente para a divulgação da insatisfação do ser humano, decorrente de novas necessidades. Logo, da mesma forma que houve a evolução dos objetos técnicos para atender à insatisfação do *Homo consumans*, também o uso cotidiano dos objetos, em função da subsistência, assume uma nova característica social: o "consumismo", entendido como:

> Um tipo de arranjo social resultante da reciclagem de vontades, desejos e anseios humanos rotineiros permanentes e, por assim dizer, "neutros quanto ao regime", transformando-os na principal força propulsora e operativa da sociedade [...]. (BAUMAN, 2008, p. 41)

Participante da evolução dos objetos, a comunicação (uma das principais características do ser humano), necessária à evolução técnica, acompanhou o progresso, visto que a linguagem é base do pensamento, tão necessário para a criação do mundo artificial produzido pelo homem. Embora se tenha conhecimento de que o homem primitivo, quando se sedentarizou, domesticou animais e exerceu a atividade do pastoreio, era taciturno: ficava a maior parte do tempo calado, isto é, falava o estritamente necessário, sua palavra era ligada à ação. Era por meio da linguagem verbal que o homem comunicava suas ações, dando ordens, diagnosticando problemas para direcionar o fabrico a suprir as necessidades que tinha ou criava. O consumo era, pois, orientado pelas necessidades humanas, sociais, políticas (de poder, especialmente).

Segundo Spengler, no quinto milênio antes de Jesus Cristo, quando "todas as formas de atividades pressupõem técnicas que lhes possibilitem a existência" (SPENGLER, 1980, p. 76), há uma mudança radical na história humana, com a instituição da ação coletiva combinada, cuja condição *sine qua non* é a linguagem (p. 77). Portanto, inserem-se a técnica do fabrico, assim como a do uso das ferramentas, ou seja, de todos os objetos técnicos dentro do processo de comunicação, necessária à organização de uma ação coletiva. Essa mudança, assinalada pelo autor, continuou seu processo em direção a outros avanços, agora tecnológicos, que marcam também, com as navegações (séculos XV e XVI), a expansão territorial que se define como o início do processo de globalização.

Nesse processo, incluem-se as linguagens, dentre as quais, primeiramente, a escrita, que, no Ocidente, condicionou o olhar linear e alterou o modo de perceber e organizar o espaço das cidades. Mas, como já comentado, a presença do olhar torna-se importante como expressão do avanço técnico, para universalizar tanto a fabricação do objeto como seu uso. Logo, a importância da visão foi tamanha que a escrita, como técnica, acaba por ser substituída pela imagem (importante para o avanço da tecnologia) e, nos dois séculos anteriores, o papel substitui-se pela tela das tecnologias de visão: cinema, televisão e, agora, computadores.

Em continuidade, a evolução técnica não apenas criou novos objetos para o consumo cotidiano, em uma luta acirrada pela conquista do mercado que se ampliou, mas provocou a queda das fronteiras das nações, devido à globalização, favorecido também pelo crescimento demográfico. Há, pois, uma proporcionalidade entre esse crescimento com a proliferação de objetos para atender além das necessidades humanas imediatas, mas, sobretudo, aquelas que são suscitadas intencionalmente com a geração de demandas, que "podem" despertar sonhos a cada novo objeto oferecido. Chega-se à sociedade do consumismo, causado não só pela inteligência humana insatisfeita, mas pelo afloramento do subconsciente, que oculta os desejos humanos ancestrais: poder, segurança, prazer, beleza etc., que supostamente são conseguidos pela posse e acumulação de objetos divulgados pelas linguagens. Retomando ainda Bauman (2008, p. 44), temos:

> [...] o consumismo, em aguda oposição às formas de vida precedentes, associa a felicidade à satisfação de necessidades [...], mas a um volume e uma intensidade de desejos sempre crescentes, o que, por sua vez, implica o uso imediato e a rápida substituição dos objetos destinados a fazê-la.

Logo, a globalização, além de ter transformado o mundo em uma "aldeia global" (McLuhan) com a expansão territorial (queda das fronteiras nacionais), expandiu o fabrico, com a proliferação e, consequente, mundialização do mercado que, por meio das linguagens tecnológicas, estimulam, fazem vir à tona os desejos da massa que respondem positivamente aos sonhos aflorados, mas mantida a insatisfação em processo contínuo.

A convergência entre as linguagens e as não coisas

Como já afirmado, há, primeiramente, um paralelismo entre a fabricação de objetos e as linguagens, embora o desenvolvimento daqueles dependa da mediação que essas realizam, tanto para a produção quanto para a disseminação deles. Porém, as convergências entre ambos vêm ocorrendo no curso da História: a escrita, que depende de técnica (é objetiva), rompeu com a subjetividade da fala e associou-se à técnica (às mãos); a imprensa, como máquina impressora, proliferou a escrita "até os confins das cidades" (conforme Gabriel Tarde), disseminando a palavra escrita como os objetos. A valorização da linguagem visual, a partir do desenho, do qual se originou a escrita, foi também ponto de convergência entre a fala e o desenho (o subjetivo e o objetivo), mas que, depois, em vários momentos mantiveram paralelamente as características próprias (a linguagem verbal e a imagem). Mais tarde, conforme Simondon, a imagem novamente ocupa lugar de destaque para a universalização da técnica para o fabrico, quando do surgimento da Enciclopédia. Essa convergência, porém, que parte da fixação fotográfica da imagem, no século XIX, é retomada com o cinema no fim desse século, chegando à televisão no século XX e, depois, ao computador (informação).

As linguagens acabam sendo produzidas por objetos tecnológicos fabricados em grande escala pelas indústrias. A proliferação das linguagens e das informações que produzem estabelecem uma perfeita interação entre o objeto e a linguagem. Contudo, essa convergência sustenta o consumismo e é sustentada por ele, à medida que as informações veiculadas por esses meios de comunicação passam a criar e satisfazer as necessidades de conforto, segurança, lazer, enfim, de felicidade dos homens que se transformaram de interlocutores a receptores massivos na sociedade globalizada e marcada pela complexidade.

A comunicação interpessoal, face a face, parece ultrapassada, porque o consumismo informativo implanta-se na mente e cria uma geração propícia à manipulação econômica e política. Em pesquisa realizada com redações do vestibular[88] constatou-se que as informações televisivas são assimiladas de modo consumista, sem qualquer crítica, apenas por necessidade de acumular informações. Portanto, ao consumismo das coisas junta-se o consumismo das não coisas, ou como observa Vilém Flusser: "Agora irrompem não coisas por todos os lados, e invadem nosso espaço suplantando as coisas. Essas não coisas são denominadas *informações*" (2007, p. 54).

Esse autor, ainda se referindo às não coisas, aponta suas características: possuem imaterialidade, são inapreensíveis, mas são decodificáveis. Ele as relaciona:

---

88 Vide notas 38 e 56.

O PODER DO PODER DA COMUNICAÇÃO

> As imagens eletrônicas da TV, dados armazenados em computador, rolos de filmes e microfilmes, hologramas e programas são tão "impalpáveis" (*software*) que qualquer tentativa de agarrá-los com as mãos fracassa. (FLUSSER, 2007, p. 54)

Essas não coisas que predominaram nas redações do vestibular mostram agora sua influência na elaboração de textos dos universitários, porque, em vez de pesquisarem em livros para elaboração dos textos científicos, optam por recortar e colar informações da internet, utilizando-se da escrita não formal, com uso vicioso de palavras truncadas que se disseminam pelas redes sociais, ou seja, o consumismo dos objetos (coisas) que, com sua concretude, expressam sonhos, *status*, poder e acúmulo de riqueza são substituídos pela banalização, superficialidade e proliferação das informações. Flusser (2007, pp. 55-56) continua: "A moral burguesa baseada em coisas – produção, acumulação e consumo – cede lugar a uma nova moral". Essa nova realidade significa um novo capitalismo e, consequentemente, uma nova política de dominação, que torna multimilionários os empresários dessas novas mídias e mantém a maioria massiva (sem análise crítica) como consumidores desses novos objetos sem materialidade, uma vez que "não se trata mais de ações, e sim de sensações" (p. 58).

Nessa linha de pensamento, o homem coloca em segundo plano, dentro da complexidade da globalização, uma de suas características fundamentais: *Homo faber,* permanece amplamente como *Homo consumans* do espetáculo social veiculado, que faz dele, em primeiro plano, *Homo ludens*, no sentido de que gosta das sensações dos espetáculos midiáticos de tal forma, que aceita, sem pensar, os sonhos que lhe são impostos pelo mercado e submete-se à manipulação política.

Logo, conclui-se que o homem dentro da globalização acaba por perder suas referências locais, diluindo-se no espaço global do mercado, ao qual responde de forma ilusória pela pseudossatisfação de suas necessidades, que nunca cessam e continuam insatisfeitas. Até onde chegará o avanço tecnológico, consequência da obsessão pelo fabrico e pelo consumo, que acabam por padronizar os costumes e as linguagens, banalizar o conhecimento, esvanecer as culturas regionais e diluir a História?

CONSIDERAÇÕES FINAIS

Já no primeiro capítulo, observou-se que cada tipo de Estado define o modo de comunicar-se com a massa, visto que sem comunicação ele não teria poder, porque uma das formas de sustentação do Estado se realiza pela comunicação, tanto na democracia, quanto no totalitarismo e no Estado de Exceção. A partir da constatação de que cada tipo depende da comunicação, porque o poder se legitima e se sustenta pelo número, por isso é preciso que ele sempre esteja em contato com a massa; fato que estabelece um movimento de comunicação diferente em cada um deles. A partir da observação da realidade e/ou de estudos realizados, observou-se que o contato com a massa pode ter flexibilidade quando o Estado recebe as reivindicações dela, mas também se comunica com ela. Porém, nos outros dois tipos não democráticos, ela se impõe pela rigidez, porque a censura cerceia a liberdade de expressão e a manipulação da informação se constrói somente sobre os alicerces de pedra dentro da rigidez de cada um deles.

A comunicação deveria sempre se apoiar em um movimento dialético e dialógico, realizado pela consciência crítica de cada cidadão e não, como se observa nos estados: Totalitário e de Exceção, em um movimento que se impõe do poder instituído sobre os cidadãos. Se "A verdade é a primeira vítima da guerra" (KIPLING *apud* VIRILIO, 1993, p. 61), a consciência crítica dos cidadãos deveria construir o movimento dialético e dialógico entre todos os cidadãos e todos os povos. Há aqueles que irão denominar como utopia essa posição, mas diante da quantidade de vítimas desses dois tipos de Estados, deveriam aceitá-la como o não lugar, no qual todos queremos chegar, por meio do debate para solução de quaisquer conflitos.

A violência, contudo, sempre fez parte da vida humana, visto que o homem já, em tempos remotos, gostava de presenciar atos punitivos aplicados aos condenados, assim como sempre aceitou as guerras e hoje reproduz a violência disseminada pelos meios de comunicação, que estão dentro de casa. Torna-se, pois, importante que os cidadãos estejam preparados para educar crianças, adolescentes e adultos a fim de que formem a consciência crítica, para não aceitar a violência disseminada por qualquer tipo de poder.

Mas, se estamos referindo-nos à comunicação, para tornar uma mensagem comum, para disseminá-la, o poder lança mão de diferentes tipos de linguagens, como, atualmente, as das TICs. Também, considera-se linguagem tudo que é construído, para ser interpretado pela massa, ou seja, como mensagem do poder instituído para seduzir um grande número de indivíduos. Nesse sentido, interpreta-se que as linguagens do poder (que é narcísico) provoca reação de seus inimigos, como a construção, em Berlim, pelo nazismo, do Arco do Triunfo, maior do que o de Paris. Isso nos leva a induzir que a exibição da grandiosidade do poder poderia também ser dialógica, ou seja, de colaboração para com outros povos, para que não gerasse nem inveja e nem ódio.

É preciso que se chame a atenção sobre o fato de que os meios de comunicação sempre foram utilizados para imposição de mensagens do poder, que buscavam a reiteração das massas. Isso aconteceu com os jornais, rádio, televisão e, agora, com as redes sociais, como também se analisou neste livro. Tem-se a impressão que o poder, conforme evoluem os meios de comunicação que abrangem um número cada vez maior de indivíduos, uma vez que, atualmente, não chega apenas até os confins da cidade, mas circulam em torno do mundo, podendo atingir todos os habitantes da Terra. Falta muito pouco para tanto, uma vez que sempre interessou ao poder facilitar a aquisição de aparelhos de tecnologias de comunicação, em situações oportunas (Copa do Mundo, por exemplo), para chegar à casa ou lar de cada pessoa.

Por essas razões apontadas, reconsidera-se a posição de vários autores, como Freud, que se mostram impressionados com o extravasamento da agressividade do ser humano, quando, por meio das guerras, ameaça a civilização, que ele mesmo construiu durante milênios. Para complementar nossa reflexão, pontua-se que esse autor cita, como sendo a regra mais importante da humanidade: "Não matarás!" –, mas que continua sendo infringida por meio das guerras que matam coletivamente, embora se justifiquem seus atos pelas linguagens manipuladas em favor da dominação e da submissão políticas.

Contudo, o indivíduo não reage apenas coletivamente por meio da violência, mas constata-se que ele recebe individualmente, em sua casa, a influência das linguagens da comunicação, cujas mensagens o educam para reproduzir atos violentos, que, pela repetição, tornam-se banalizados, comuns. Por esse motivo, analisa-se o homem em sua evolução considerando três características, dentre outras, que lhes são próprias: o fabrico, com a qual fez o mundo artificial (civilização); as linguagens, por meio das quais deveria procurar o diálogo, a fim de solucionar conflitos e não acirrá-los; e o consumo, que aumenta por meio das linguagens e que exacerba também a assimilação da violência disseminada pelas TICs.

Dessa maneira, depois que se mostra de acordo com Freud, que aponta valores inestimáveis para a humanidade, como citado anteriormente: "Não matarás!" –, visto que, diante da morte, a vida é valor não restituível. Logo, é importante analisar a alteridade como valor para que se respeite a própria vida a partir da vida do outro. Assim, não importa o tamanho do conflito, pois ele faz parte da relação entre os homens, que devem saber que só adquirem identidade própria, a partir do outro, por quem o respeito deve ser construído pelo diálogo, em favor do convívio pacífico entre indivíduos de qualquer país, assim como entre povos que se diferenciam pela cultura, raça etc.

Logo, a alteridade deve ser o valor a ser disseminado pelas linguagens da comunicação, assim como os valores que garantam o respeito pelo outro, a fim de se reduzir ao máximo a violência entre os indivíduos e entre os povos.

REFERÊNCIAS

ADORNO, Theodor W. A indústria cultural. Em: COHN, G. (Org.) *Sociologia*. São Paulo: Ática, 1994.

ADORNO-SILVA, Dulce A. A Mente Controlada (tese de doutorado) Campinas: Faculdade de Educação da UNICAMP, 2001.

ALTHUSSER, Louis. *Aparelhos ideológicos de Estado: nota sobre os aparelhos ideológicos de Estado*. Trad. Walter José Evangelista e Maria Laura Viveiros de Castro; introdução crítica de José Augusto Guilhon Albuquerque. Rio de Janeiro: Edições Graal, 1983.

ARBEX JR., José. *Guerra Fria*: *terror de Estado, política e cultura*. São Paulo: Moderna, 1997.

ARENDT, Hannah. *Origens do totalitarismo*. Trad. Roberto Raposo. São Paulo: Companhia das Letras, 1989.

_____. *Verdade e política* Trad. Manuel Alberto. Lisboa: Relógio D'Água Editores, 1995.

_____. *Sobre a violência*. Trad. André Duarte. Rio de Janeiro: Relume-Dumará, 1994.

_____. *A condição humana*. Trad. Roberto Raposo. 9ª ed., Rio de Janeiro: Forense Universitária, 1999.

ARNETT, Peter. *Ao vivo do campo de batalha. Do Vietnã a Bagdá, 35 anos em zona de combate de todo o mundo.* Rio de Janeiro, Rocco, 1994.

BARTHES, Roland. *A câmara clara.* Rio de Janeiro: Nova Fronteira, 1984.

_____. *Elementos de semiologia.* São Paulo: Cultrix, 1979.

_____. *A aventura semiológica.* São Paulo: Martins Fontes, 2001.

BAUMAN, Zygmunt. *Vida para consumo: a transformação das pessoas em mercadoria.* Rio de Janeiro: Zahar, 2008.

BELTRÁN, Luis Ramiro; CARDONA, Elizabeth Fox de. *Comunicação dominada.* Rio de Janeiro: Paz e Terra, 1982.

BENJAMIN, Walter. *Magia e técnica, arte e política.* Obras Escolhidas. Trad. Sérgio Paulo Rouanet. São Paulo: Brasiliense, 1993.

BERGSON, Henri. *A evolução criadora.* Trad. Nathanael C. Caixeiro. Rio: Zahar Editores, 1979.

_____. *Matéria e memória: ensaio sobre a relação do corpo com o espírito.* São Paulo: Martins Fontes, 1990.

BICUDO, Hélio. *Violência: o Brasil cruel e sem maquiagem.* São Paulo: Moderna, 1995.

BOURDIEU, Pierre. *Sobre a televisão.* Rio de Janeiro: Jorge Zahar, 1997.

BORBA, Francisco S. (Org.). *Dicionário UNESP do Português contemporâneo.* São Paulo: UNESP, 2004.

BURDEAU, Georges. *O Estado.* Trad. Maria Ermantina de Almeida Prado Galvão. São Paulo: Martins Fontes, 2005.

CANETTI, Elias. *Massa e poder*. Trad. Rodolfo Krestan. Brasília: Editora Universidade de Brasília, Melhoramentos, 1986.

_____. *A consciência das palavras (ensaios)*. São Paulo: Cia das Letras, 1990.

CHAMPAGNE, Patrick. *Formar a opinião: o novo jogo político*. Trad. Guilherme João de Freitas Teixeira. Petrópolis: Vozes, 1996.

CHOMSKY, Noam. *Novas e velhas ordens mundiais*. Trad. Paulo Roberto Coutinho. São Paulo: Scritta, 1996.

_____. *11 de setembro*. Trad. Luiz Antônio Aguiar. Rio de Janeiro: Bertrand Brasil, 2002.

_____. A privatização da democracia (Examina os Usos Políticos da Informação). Em: *Folha de S. Paulo*, Caderno Mais!, 9/3/1997.

_____. *Controle da mídia: os espetaculares feitos da propaganda*. Trad. Antônio Augusto Fontes. Rio de Janeiro: Graphia, 2003.

CLAUSEWITZ, Carl von. *Da guerra*. Trad. Maria Tereza Ramos. São Paulo: Martins Fontes, 1996.

COUCHOT, Edmond. Da representação à simulação. Trad. Rogério Luz. Em: André Parente. *Imagem-máquina: a era das tecnologias do virtual*. Trad. Rogério Luz. Rio de Janeiro: Editora 34, 1993.

DERRIDA, Jacques. *A escritura e a diferença*. Trad. Maria Beatriz Marques Nizza da Silva. São Paulo: Perspectiva, 1971.

ECO, Umberto. *Apocalípticos e integrados*. Trad. Pérola de Carvalho. 4ª ed., São Paulo: Perspectiva, 1990.

_____. *Tratado geral de semiótica*. São Paulo: Perspectiva, 2000.

ECO, Umberto. *A estrutura ausente: introdução à pesquisa semiológica*. São Paulo: Perspectiva/ Edusp, 1971.

DREIFUS, René Armand. *1964: a conquista do Estado*. Petrópolis: Vozes, 1981.

EPSTEIN, Isaac. *O signo*. São Paulo: Editora Ática, 1991.

FLUSSER, Vilém. *O mundo codificado: por uma filosofia do design e da comunicação*. São Paulo, Cosac Naify, 2007.

FOUCAULT, Michel. *Microfísica do poder*. 12ª ed., Rio de Janeiro: Edições Graal, 1996.

_____. *Vigiar e punir: história da violência nas prisões*. Trad. Lígia Pondé Vassalo. Petrópolis-RJ: Vozes, 1983.

_____. *A ordem do discurso*. São Paulo: Loyola, 1998.

FREUD, Sigmund. O mal-estar na civilização (1927-1931). Em: *Obras psicológicas completas* (em colaboração com Anna Freud). Rio de Janeiro: Imago Editora, 1974.

_____. Reflexões para os tempos de guerra e morte. Em: *Obras Psicológicas Completas* (em Colaboração com Anna Freud). Rio de Janeiro: Imago Editora, 1974.

_____. *O futuro de uma ilusão*, 1927-1931.

GIOVANNINI, Giovanni. *Evolução na comunicação*. Rio de Janeiro: Nova Fronteira, 1987.

HABERMAS, Jürgen. *Mudança estrutural da esfera pública*. Trad. Flávio R. Kothe. Rio de Janeiro: Tempo Brasileiro, 1984.

HERZ, Daniel. *A história secreta da Rede Globo*. Porto Alegre: Tchê Editora, 1987.

HESSEN, J. *Filosofia dos valores*. São Paulo: Saraiva Editores, 1946.

KONDER, L. *O que é dialética*. Coleção Primeiros Passos: 23. São Paulo: Brasiliense, 2008.

LEBRUN, Gerard. *O que é poder*. Coleção Primeiros Passos: 24. São Paulo: Brasiliense, 1999.

LEROI-GOURHAN, André. *O gesto e a palavra*: *1 – técnica e linguagem*. Lisboa: Edições 70, 1987.

_____. *O gesto e a palavra: 2 – memória e ritmo*. Lisboa: Edições 70, 1987.

LEVINAS, E. *Humanismo do outro homem*. Petrópolis-RJ: Vozes, 2009.

_____. *Entre Nous: Essais sur le Penser-à-L'Autre*. Paris: Grasset, 1991.

LLOSA, Mario Vargas. Um ponto no oceano. Em: *Jornal OESP*, 19/9/1999.

LOWEN, Alexander. *Narcisismo: negação do verdadeiro self*. São Paulo: Cultrix, 2000.

LUZ, Rogério. Novas imagens: efeitos e modelos. Em: PARENTE, André (Org.), *Imagem-máquina: a era das tecnologias do virtual*. Trad. de Rogério Luz. Rio de Janeiro: Editora 34, 1993.

MATTELART, Armand. *Comunicação-mundo: história das ideias e das estratégias*. Trad. Guilherme João de Freitas Teixeira, Petrópolis-RJ: Vozes, 1994.

MATOS, Olgária C.F. A *Escola de Frankfurt: luzes e sombras do Iluminismo*. São Paulo: Moderna, 1993.

MCLUHAN, Marshall. *Os meios de comunicação como extensões do homem*. São Paulo: Cultrix, 1976.

MELO, José Marques de. (Coord.) *Populismo e comunicação*. São Paulo: Cortez Editora, 1981.

MICHAUD, Yves. *A violência*. Trad. L. Garcia. São Paulo: Ática, 1989.

MORIN, E. *Sociologia: a sociologia do microssocial ao macroplanetário*. Portugal: Publicações Europa-América Ltda, 1998.

_____. *Os sete saberes necessários à educação do futuro*. São Paulo: Cortez/UNESCO, 2004.

MOURÃO, Ronaldo R. de Freitas. *A censura espacial na guerra do afeganistão*, em: *Folha de S. Paulo*, 2001.

PARENTE, André. Introdução: *Os paradoxos da imagem-máquina*. Em: PARENTE, André (Org.). *Imagem-máquina: a Era das tecnologias do virtual*. Rio de Janeiro: Editora 34, 1993.

PEIRCE, C.S. *Semiótica*. São Paulo: Perspectiva, 1995.

_____. *Escritos publicados*. (Coleção Os Pensadores). São Paulo: Abril Cultural S.A, 1974.

_____. *Semiótica e filosofia*. (Introdução, seleção e tradução de Octanny Silveira da Motta e Leonidas Hegenberg). São Paulo: Cultrix, 1972.

PEROSA, Lílian Maria F. de Lima. A *hora do clique: análise do programa de rádio "Voz do Brasil" da velha à nova República*. São Paulo: Annablume, ECA-USP, 1995.

POPPER, Karl; CONDRY, John. *Televisão: um perigo para a democracia*. Trad. Maria Carvalho. Lisboa: Gradiva, 1995.

ROSENFIELD, Denis L. *O que é democracia?* Coleção Primeiros Passos: 219. São Paulo: Editora Brasiliense, 2003.

RESWEBER, J.-P. *A filosofia dos valores*. Coimbra: Livraria Almedina, 2002.

ROUSSEAU, J.-J. *O contrato social*. São Paulo: Editora Cultrix: 1995.

SANTOS, Laymert Garcia dos. A televisão e a Guerra do Golfo. Em: PARENTE, André (Org.). *Imagem-máquina: a Era das tecnologias do virtual*. Rio de Janeiro: Editora 34, 1993. Godinho, *Ibidem*, 1987.

SANTAELLA, Lúcia. *Semiótica aplicada*. São Paulo: Pioneira Thomson Learning, 2002.

_____. *Teoria geral dos signos: como as linguagens significam as coisas*, São Paulo: Pioneira, 2000.

_____. *O que é semiótica*. Coleção Primeiros Passos: 103. São Paulo: Brasiliense, 2001.

SCHWARTZ-SALANT, Nathan. *Narcisismo e transformação do caráter: a psicologia das desordens do caráter narcisista*. São Paulo: Cultrix, 1988.

SILVA, Sílvio Arthur Dias da. A Finalidade da Pena. Em: *Jornal Correio Popular*, 26/9/1997, p. 4.

SIMONDON, Gilbert. *Du Mode d'Existence des Objects Techniques*. Paris: Aubier- Montaigne, 1969.

SPENGLER, Oswald. *O homem e a técnica*. Trad. João Botelho. Lisboa: Guimarães Editores, 1980, pp. 8-130.

SKIDMORE, Thomas. *Brasil: de Getúlio a Castelo*. Rio de Janeiro: Paz e Terra, 1982.

SKIDMORE, Thomas. *Brasil: de Castelo a Tancredo, 1964-1985*. Trad. Mário Salviano Silva. Rio de Janeiro: Paz e Terra, 1988.

TARDE, Gabriel. *A opinião e as massas*. Trad. Luís Eduardo de Lima Brandão. São Paulo: Martins Fontes, 1992.

VIRILIO, Paul. *Guerra e cinema*. Trad. Paulo Roberto Pires. São Paulo: Editora Página Aberta Ltda, 1993.

_____. *L'Écran du Désert: Chroniques de Guerre*. Paris: Éditions Galilée, 1991.

_____. *A máquina de visão: do fotograma à videogradia, holografia e infografia (computação eletrônica): a humanidade na "era da lógica paradoxal"*. Rio de Janeiro: José Olympio, p. 107.

WIENER, Norbert. *Cibernética e sociedade: o uso humano dos seres humanos*. Trad. José Paulo Paes. São Paulo: Cultrix, 1968.

Webgrafia e outras referências

\<globo.com\>

\<task.blog.com.br\>

Blog do Zé Dirceu

Blog do Jefferson

Anúncio "Feira", do banco Itaú:

\<www.youtube.com/watch?v=HgcmvNfFWqo\>. Acesso em: 6/7/2010.

Folha de S. Paulo, 1999.

_____. Guerra na América (cadernos), 2001-2002.

Novo Dicionário Aurélio da Língua Portuguesa. 2ª ed., Rio de Janeiro: Nova Fronteira.

O Estado de São Paulo, 1999.

Esta obra foi composta em CTcP
Capa: Supremo 250g – Miolo: Pólen Soft 80g
Impressão e acabamento
Gráfica e Editora Santuário